Margrit Fuglsang

Schatten- und Schemenspiel in einer Tischbühne

Anleitungen für die Praxis

Frech-Verlag Stuttgart

Für Petra

ISBN 3-7724-0451-0 · Best.-Nr. 737

© 1980   2. Auflage 1981

frech-verlag

GmbH + Co. Druck KG Stuttgart

Fotos:
Margrit Fuglsang, Ludwig Leonhardt und Frech-Verlag

Zeichnungen:
Margrit Fuglsang und Hansjürgen Ludwig

Konstruktionszeichnung Seite 5/6:
Peter Buortesch

Druck:
Frech, Stuttgart

Eine gewerbliche Nutzung der gezeigten Modelle und Einrichtung ist nur mit Genehmigung der Verfasserin gestattet.

Einführung

In vielen Seminaren erlebte ich das Erstaunen der Teilnehmer über die vielfältigen Möglichkeiten, die das Schatten- und Schemenspiel in einer Tischbühne bietet.
Konventionelle, schwarze Schattenfiguren waren den meisten bekannt.
Durchsichtige, farbige Figuren – Schemen genannt – aus transparenten Folien, Draht und durchsichtigen Geweben überraschten in ihrer andersartigen Wirkung; die zusätzliche Anwendung optischer Effekte faszinierte die Teilnehmer.
Das Spiel in der Tischbühne ist für einen kleinen Zuschauerkreis gedacht.
Spielen kann man in der Familie, im Freundeskreis, im Kindergarten, in Jugendgruppen, in der Schulklasse und auch am Bett eines kranken Kindes.
Dieses Buch entstand aus der praktischen Arbeit mit Eltern, Erziehern, Lehrern, Jugendlichen und Kindern.
Für die Anregungen aus diesem Kreis möchte ich allen herzlich danken, ebenso für die Erlaubnis, ihre Figuren und kleinen Szenen fotografieren und veröffentlichen zu dürfen.
Ich hoffe, daß die Beispiele meiner eigenen Arbeit, sowie die Beispiele aus den Seminaren, allen Lesern dieses Buches Anregungen geben zu eigenem Tun.

Die Tischbühne und ihr Zubehör

Der Rahmen der Bühne wird aus 19 mm starker Tischler- oder Spanplatte angefertigt.

Das Fußteil ist rechteckig – 10 cm x 60 cm – das Kopfteil ebenfalls – 4 cm x 60 cm. Die Seitenteile sind 48 cm hoch, unten 8 cm breit und oben 4 cm.

Auf der Spielerseite (Bühnenrückseite) entsteht dadurch unten ein spitzer und oben ein stumpfer Winkel.

Auf der Zuschauerseite ist das Seitenteil oben und unten rechtwinklig geschnitten (siehe Schnitt A–A).

Alle vier Teile werden mittels Schrauben (oder Dübeln) und Leim zum Rahmen zusammengefügt, der Rahmen hat eine Höhe von 52 cm und eine Breite von 60 cm.

Auf der Spielerseite schließen alle vier Teile bündig miteinander ab. Das Fußteil auf der Zuschauerseite steht gegenüber den Seitenteilen um 2 cm vor, der Standfestigkeit wegen.

Ca. 1 cm von der Vorderkante (Kante zur Zuschauerseite) entfernt schraubt man nun von außen in die Seitenteile oben und unten je eine Ringschraube (Innendurchmesser 12 mm), also insgesamt vier.

In diese Ringschrauben sollen die 72 cm langen Rundholzstangen (Durchmesser 10 mm) eingeschoben werden, die mit dem Rahmen lotrecht stehen müssen.

Die Rundholzstäbe erhalten am oberen Ende ebenfalls je eine Ringschraube (Innendurchmesser 4 mm), durch die ein 3-mm-Schweißdraht geschoben wird, der auf beiden Seiten des Rahmens mindestens 20 cm übersteht.

Auf diesem Schweißdraht hängt die Stoffabdeckung, die den Spieler unsichtbar für die Zuschauer macht.

KONSTRUKTIONS-SKIZZE TISCHBÜHNE

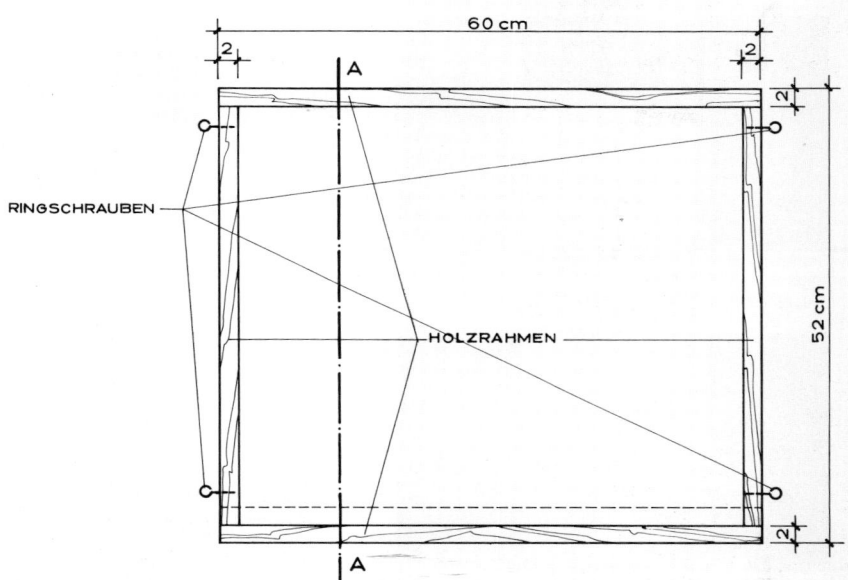

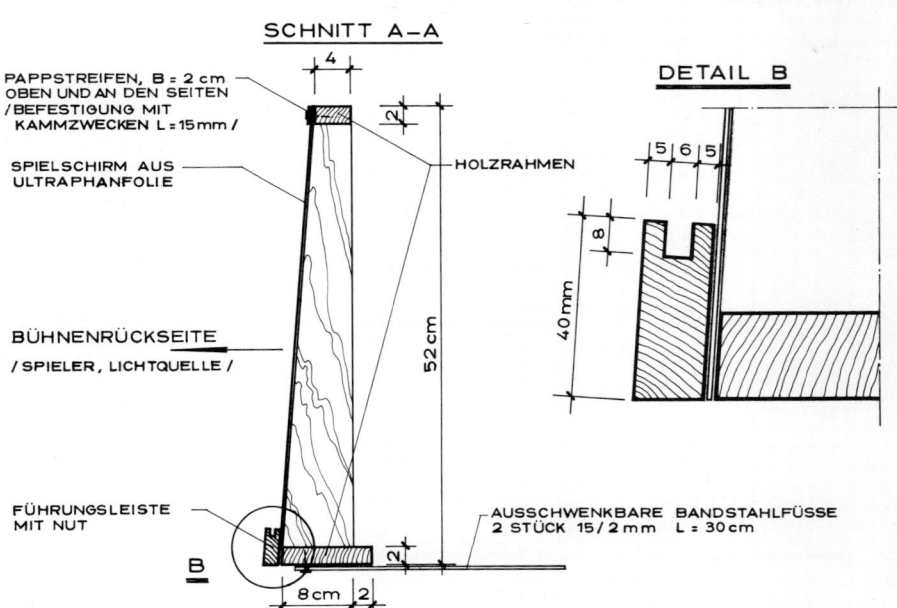

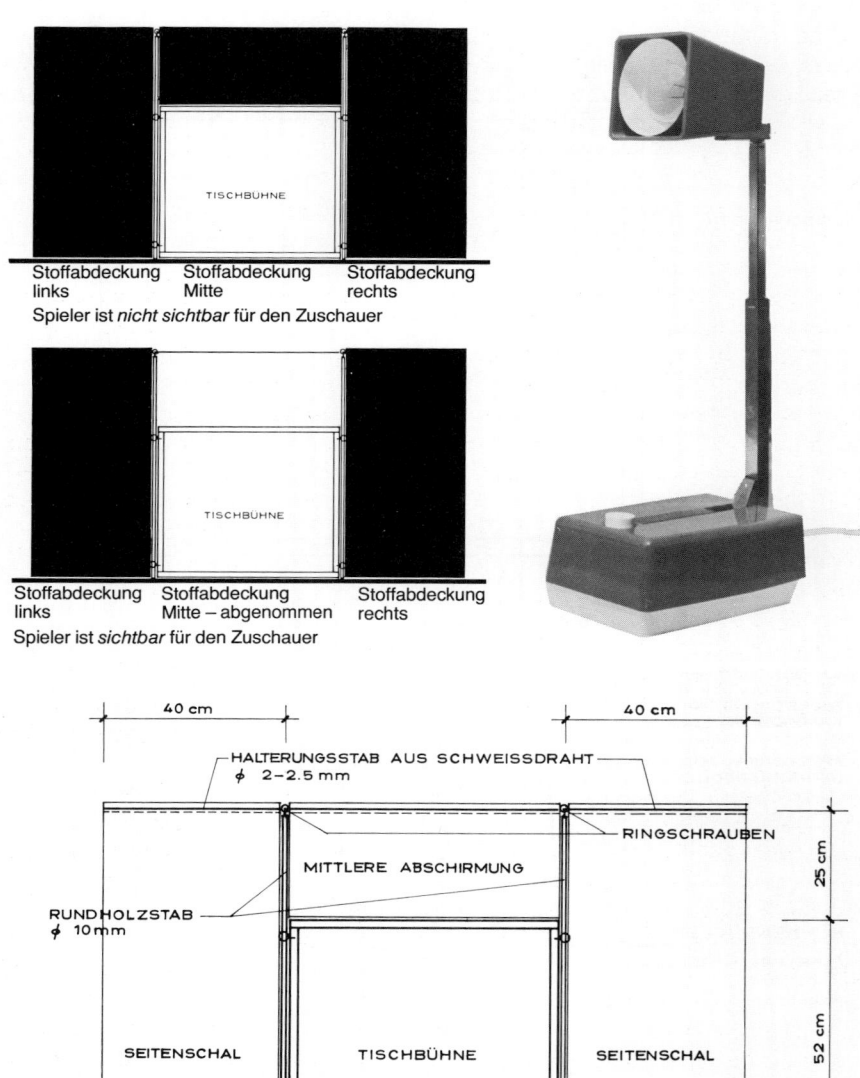

Stoffabdeckung links Stoffabdeckung Mitte Stoffabdeckung rechts
Spieler ist *nicht sichtbar* für den Zuschauer

Stoffabdeckung links Stoffabdeckung Mitte – abgenommen Stoffabdeckung rechts
Spieler ist *sichtbar* für den Zuschauer

Die Stoffabdeckung besteht aus einem Mittelteil und zwei Seitenstreifen. Zuerst hängt man das Mittelteil über den Schweißdraht, dann überlappend die beiden Seitenteile. Die gesamte Stoffabdeckung hängt doppelt. Um der Bühne eine größere Standfestigkeit zu verleihen, erhält sie auf der Unterseite des Fußteils zwei ausschwenkbare Füße aus 2 mm starkem, 2 cm breitem und 30 cm langem Bandstahl. In beide Füße wird an einem Ende ein Loch gebohrt. Durch diese Löcher werden sie mit je einer Senkkopfschraube von unten im Fußteil befestigt (siehe Schnitt A–A). Vor dem Spielbeginn kann man diese Füße nach vorne – zur Zuschauerseite – ausschwenken. Um ein Verrutschen der Bühne zu vermeiden, werden sie mit breitem Klebeband auf dem Tisch festgeklebt.

Der gesamte Rahmen wird mit matter, schwarzer Farbe angestrichen, um Lichtreflexe zu vermeiden.

Für den Spielschirm nimmt man Ultraphanfolie, einseitig matt, 0,2 mm (Maße des Spielschirms 52 cm x 60 cm).

Vorsicht! Die Folie ist gegen Knicken empfindlich.

Die Folie wird mit der matten Seite auf die Bühnenrückseite gelegt, so daß die glänzende Seite zum Spieler zeigt. Mit Furniernadeln wird die Folie zunächst auf den Rahmen gespannt und durch mehrfaches, vorsichtiges Nachspannen plangezogen. Dann mit Kammzwecken (auch Blaukopfnägel genannt) von 15 mm Länge auf den Rahmen nageln; Furniernadeln entfernen. Eventuell überstehende Folie kann jetzt mit einem scharfen Messer abgeschnitten werden.

Damit die Folie an den Rändern nicht ausreißt, wird ein 2 cm breiter und 2 mm starker Pappstreifen oben und an den beiden Seiten zur endgültigen Befestigung der Folie festgenagelt, ebenfalls mit den Kammzwecken.

Als Führungsleiste dient ein 16 mm starkes, 4 cm breites und 60 cm langes Brett, in das nach Detail B eine Nut gefräst wird oder das als schon genutetes Brett gekauft wird. Diese Führungsleiste wird dann durch die Folie (ohne Pappstreifen) hindurch auf das Fußteil des Rahmens geschraubt, so daß es unten und an der Seite bündig mit ihm abschließt.

Anmerkung: Die Ultraphanfolie hat den Vorteil, daß sie lichtdurchlässig ist, jedoch von der Zuschauerseite aus Lampe und Spieler nicht gesehen werden können.

Eine weiße oder gelbe Schaumstoffmatte (Maße 52 cm x 60 cm), 1–2 cm stark, wird hinter die Tischbühne gelegt; sie dient zum Abstellen der Figuren und verhindert ein Wegrutschen der Führungsstäbe.

Die Lampe

Die hier benutzte Lampe ist eine Niedervoltlampe – Lampino genannt – von 6 Volt und 15 Watt.

Sie bietet mehrere Vorteile:
Ihr Punktlicht läßt den Schatten auch in größerer Entfernung scharf erscheinen.
Sie ist dreh- und schwenkbar, sowie höhenverstellbar.
Sie hat durch den im Lampenfuß eingebauten Transformator eine gute Standfestigkeit.
Die Lampe wird in der Mitte hinter die Schaumstoffmatte auf den Tisch gestellt, so daß ihr Licht den Spielschirm ganz ausleuchtet.
Sollte der Tisch nicht breit genug sein, kann die Lampe auch auf die Schaumstoffmatte gestellt werden.

Herstellung einfacher Figuren

Ihre erste einfache Figur reißen Sie aus Zeitungspapier!
Zu Beginn zeichnen Sie großzügig mit Bleistift oder Kugelschreiber die beabsichtigte Figur auf eine Zeitung. Dann reißen Sie an der vorgezeichneten Linie entlang.
Achten Sie darauf, daß Figur und Spielschirm im richtigen Größenverhältnis zueinander stehen.
Nach Fertigstellung der Figur können Sie durch Herausreißen oder -zupfen kleiner Papierteilchen Einzelheiten besonders sichtbar machen, z. B. Augen und Mund einer Figur oder bei einer Baumkulisse die Blätter, etc. An diesen Stellen dringt das Licht voll durch.
Durch Aufkleben von ebenfalls gerissenen Papierteilen – z. B. beim Baum die Äste – wird eine weitere Ausdrucksmöglichkeit erreicht.
Damit die Figur später am Führungsstab

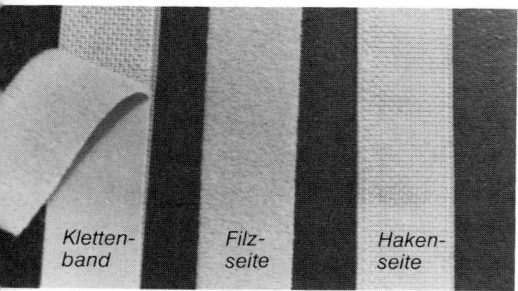

Klettenband   Filzseite   Hakenseite

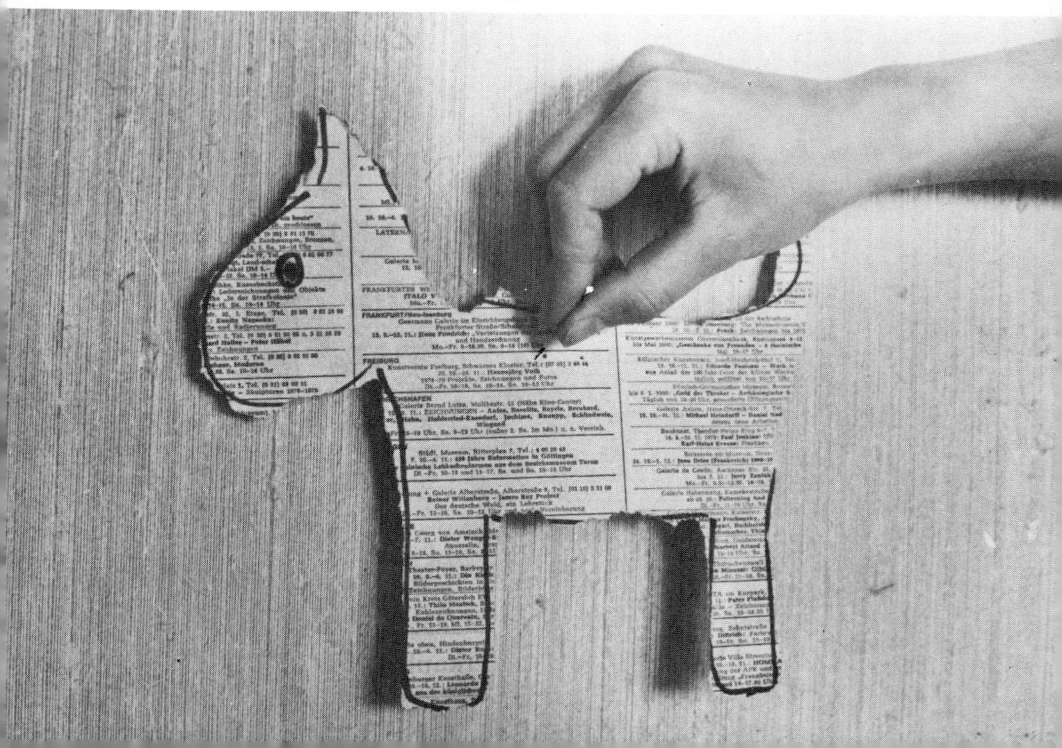

gerade hängt, ermitteln Sie mit Hilfe einer Nadel deren Aufhängungspunkt (Schwerpunkt). Mit Klettenband wird die Figur am Führungsstab befestigt.
Klettenverschlüsse sind in verschiedenen Farben in Dekorationsgeschäften und beim Nähzubehör erhältlich.
Für die gerissenen Papierfiguren ist das weiße Band am geeignetsten.
Es besteht aus zwei Teilen:
    1. einem Band mit Hakenseite,
    2. einem Band mit Filzseite
die, miteinander verbunden, sehr gut haften.
Von dem Hakenband schneiden Sie ein etwa 1 cm langes Stück ab. Kleben Sie es mit Pattex – Gebrauchsanweisung beachten – mit der glatten Rückseite auf den zuvor ermittelten Aufhängungspunkt der Figur.
Ein gleichlanges Stück vom Filzteil des Klettenverschlusses kleben Sie anschließend an den Führungsstab.

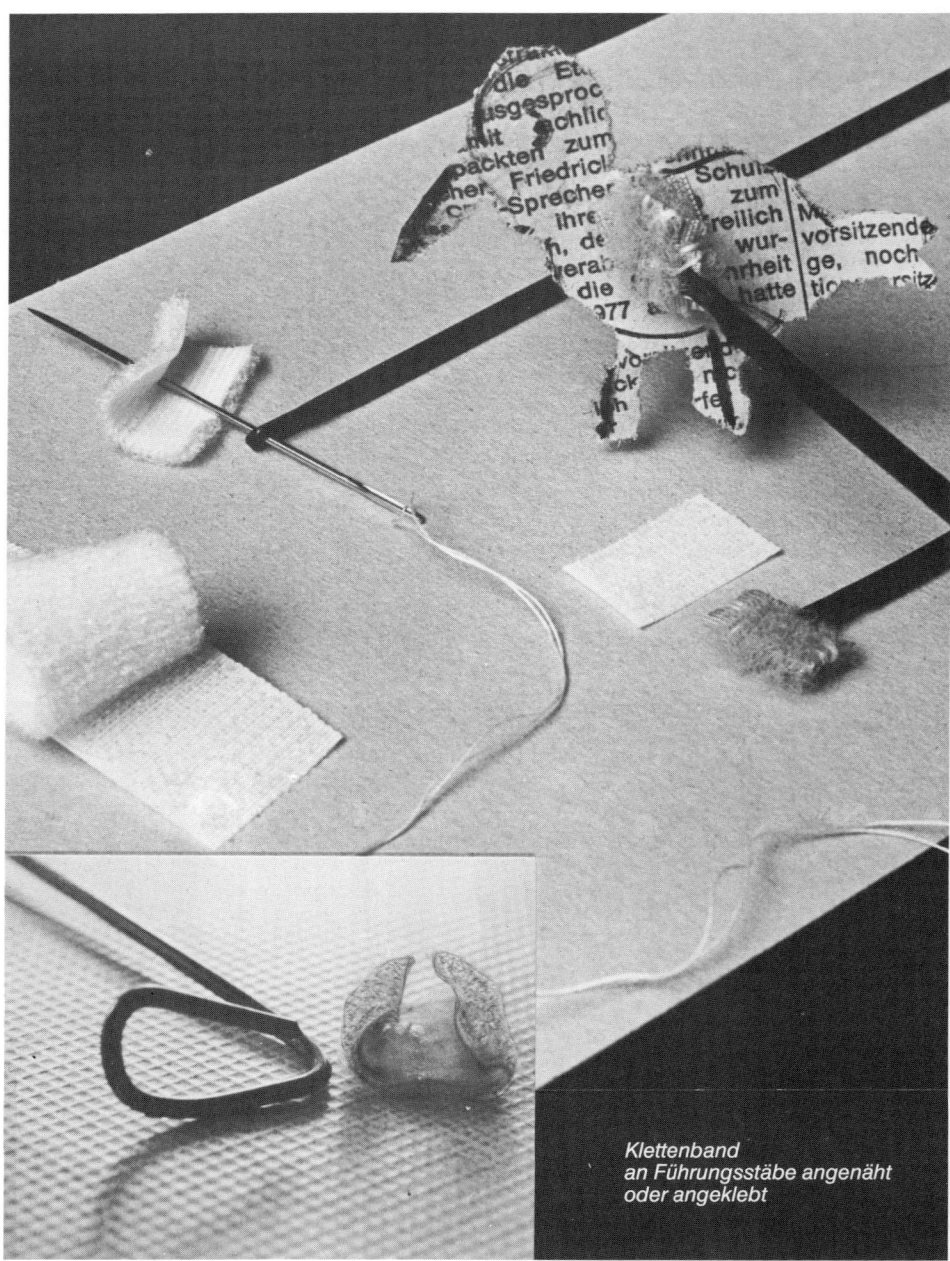

*Klettenband
an Führungsstäbe angenäht
oder angeklebt*

Führung einfacher Figuren

Besonders bewährt hat sich als Führungsstab 2 mm starker Schweißdraht, den es in Eisenwarengeschäften in 1 m Länge als Stab zu kaufen gibt.
Schneiden Sie diesen Stab in der Mitte durch. Biegen Sie mit einer Kombizange eine Öse, die in einem Winkel von etwa 45 Grad zum Hauptstab stehen soll.
An dieser Öse wird ein 1 cm langes Filzstück des Klettenverschlusses angebracht: Dazu bestreichen Sie die glatte Innenfläche des Bandes mit Pattex, ebenso die Öse am Führungsstab, 10 Minuten antrocknen lassen. Dann wird das Band mit der filzigen Seite nach außen um die Öse geklebt.
Am unteren Ende sollte der Führungsstab mit einem Griff-versehen werden. Dazu kann man ein Rundholz von 10 mm Durchmesser und 5 cm Länge nehmen.
So lassen sich die Figuren besser führen.
Aus Regenschirmspeichen können Sie ebenfalls Führungsstäbe für einfache Figuren machen. Nähen Sie das Filzband, Filz nach außen, an die Öse der Speiche.
Nun haben Sie die Figur mit dem Hakenband und den Führungsstab mit dem Filzband versehen. Drücken Sie beide Teile aufeinander: Die Figur haftet fest am Führungsstab und ist spielbereit!
Wichtig! Bringen Sie Haken sowie Filz immer in gleicher Weise an:
Hakenband mit der rauhen Fläche nach außen auf die Figur –
Filzband mit der filzigen Fläche nach außen an den Führungsstab.
So können Sie die Führungsstäbe für alle Figuren und auch Requisiten benutzen.
Vorsicht jedoch beim Lösen des Führungsstabes von der Figur: Halten Sie die Figur am Band fest, um ein Zerreißen zu verhindern.

Wie wird gespielt?

Gespielt werden kann stehend hinter dem Schirm in leicht gebeugter Haltung oder sitzend. Der Raum wird abgedunkelt.
Bevorzugen Sie die sitzende Spielweise, ist ein Drehhocker ideal, auf dem Sie höher als normal sitzen und deshalb die Figuren besser und bequemer führen können.
Beim Spiel halten Sie die Figuren gegen den Spielschirm – wie auf vielen Fotos zu sehen – und lassen sie auf der Nutleiste gehen. Die Führungsstäbe fassen Sie am unteren Ende an dem Rundholz an und führen sie am Lampenfuß vorbei.
Achten Sie darauf, daß Sie nicht mit der Hand in den Lichtschein der Lampe geraten, ihr Schatten ist auf dem Spielschirm sofort groß zu sehen.

Wollen Sie weitere Figuren mit ins Spiel bringen – und haben keinen Mitspieler –, so lehnen Sie die erste Figur fest gegen den Spielschirm. Stellen Sie die Führungsstäbe auf der Schaumstoffmatte so ab, daß die Figur nicht umfällt.
Jetzt führen Sie die zweite Figur herein, die Sie ebenso abstellen.
Als Alleinspieler sollte man es vermeiden, mit zu vielen Führungsstäben zu manipulieren.
Denken Sie immer an Vereinfachung, es kommt der spielerischen Handlung zugute.
Wichtig ist, daß sie die Figuren ruhig führen, daß sie von der Seite aus hereinkommen und zur Seite wieder hinausgehen. Ein schnelles Wegreißen der Figur muß begründet sein: z. B. Gespenster und Zauberer können so erscheinen und verschwinden.

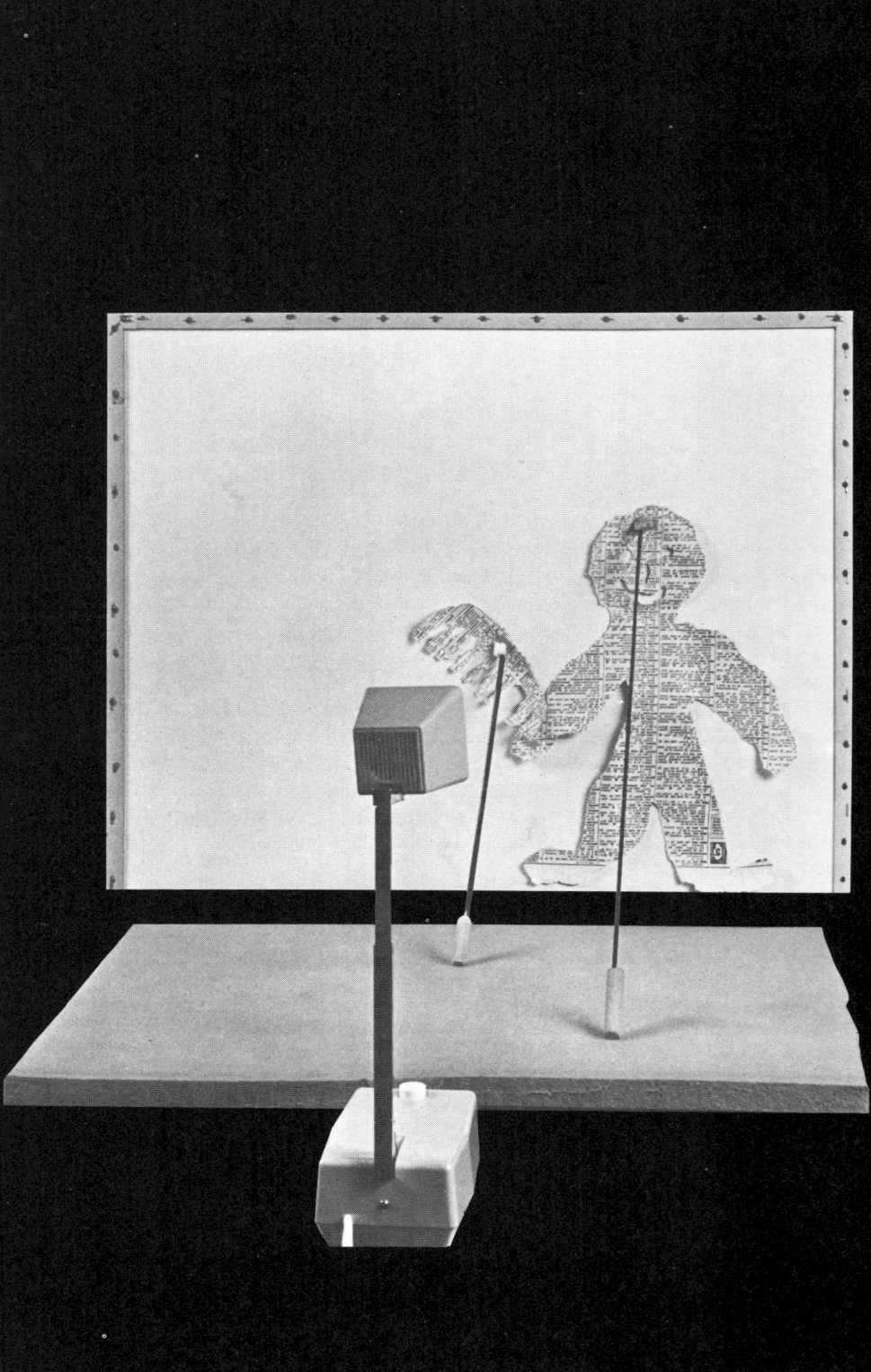

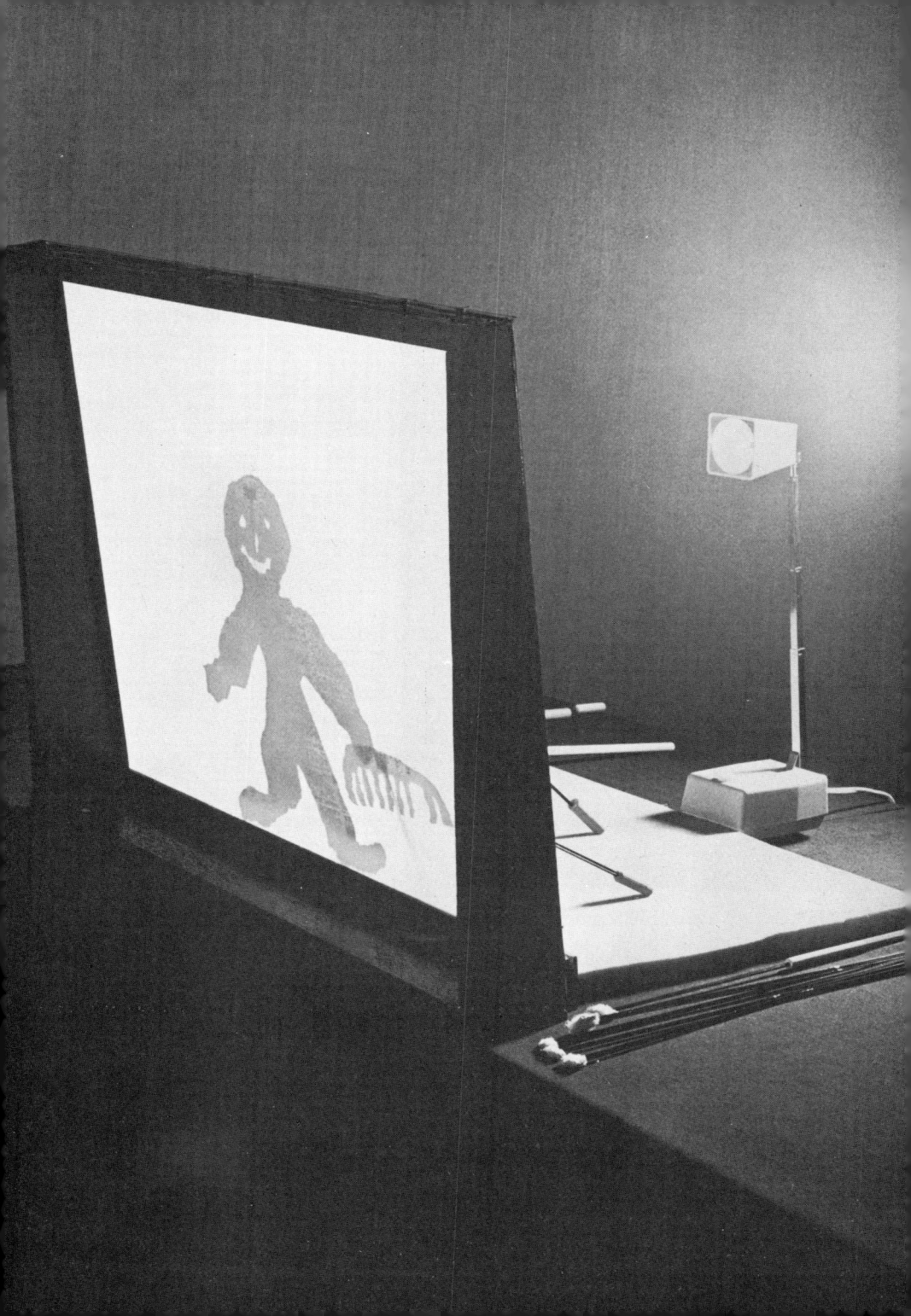

Einfache Anregungen
(z. B. für den Kindergarten)

Mit einfachen Zeitungsfiguren können Sie alles spielen, was Sie möchten.

Kleine Szenen aus dem täglichen Leben eines Kindes:

Was ein Ball
alles erleben kann

Der Tanzbär

Der Schmetterling
soll nicht gefangen werden

Kinderverse und Kinderlieder:

Himpelchen und Pimpelchen
stiegen auf einen Berg
Himpelchen war ein Heinzelmann
und Pimpelchen ein Zwerg.

Sie blieben lange dort oben sitzen
und wackelten mit ihren Zipfelmützen
aber nach 25 Wochen
sind sie in den Berg gekrochen
dort schnarchen sie in guter Ruh
seid mal still
und hört gut zu.

Da kommt der Hahn
und ruft Kikerikie
und Himpelchen und Pimpelchen
sind wieder hie.

(hinter dem
Spielschirm)

Zwischen Berg und tiefem, tiefem Tal
saßen einst zwei Hasen
fraßen ab das grüne, grüne Gras
bis auf den Rasen.

Als sie sich nun sattgefressen hatten
legten sie sich nieder
bis daß der Jäger, Jäger kam
und schoß sie nieder.

Als sie sich dann aufgerappelt hatten
und sie sich besannen
daß sie noch am Leben, Leben waren
liefen sie von dannen.

Kommt ein Vogel geflogen
setzt sich nieder auf mein' Fuß
hat ein Brieflein im Schnabel
von der Mutter ein' Gruß.

Lieber Vogel fliege weiter
nimm ein' Gruß mit und ein' Kuß
denn ich kann dich nicht begleiten
weil ich hierbleiben muß.

Zauberer,
der nicht richtig zaubern kann

Ballspielen

Suppenkasper

Jede kleine Szene kann beliebig ausgespielt werden.

Eine kleine Dickmadam
fuhr mal mit der Eisenbahn
Eisenbahn, die krachte
Dickmadam, die lachte

kam der
Polizist –
steckt sie
in die Kist!

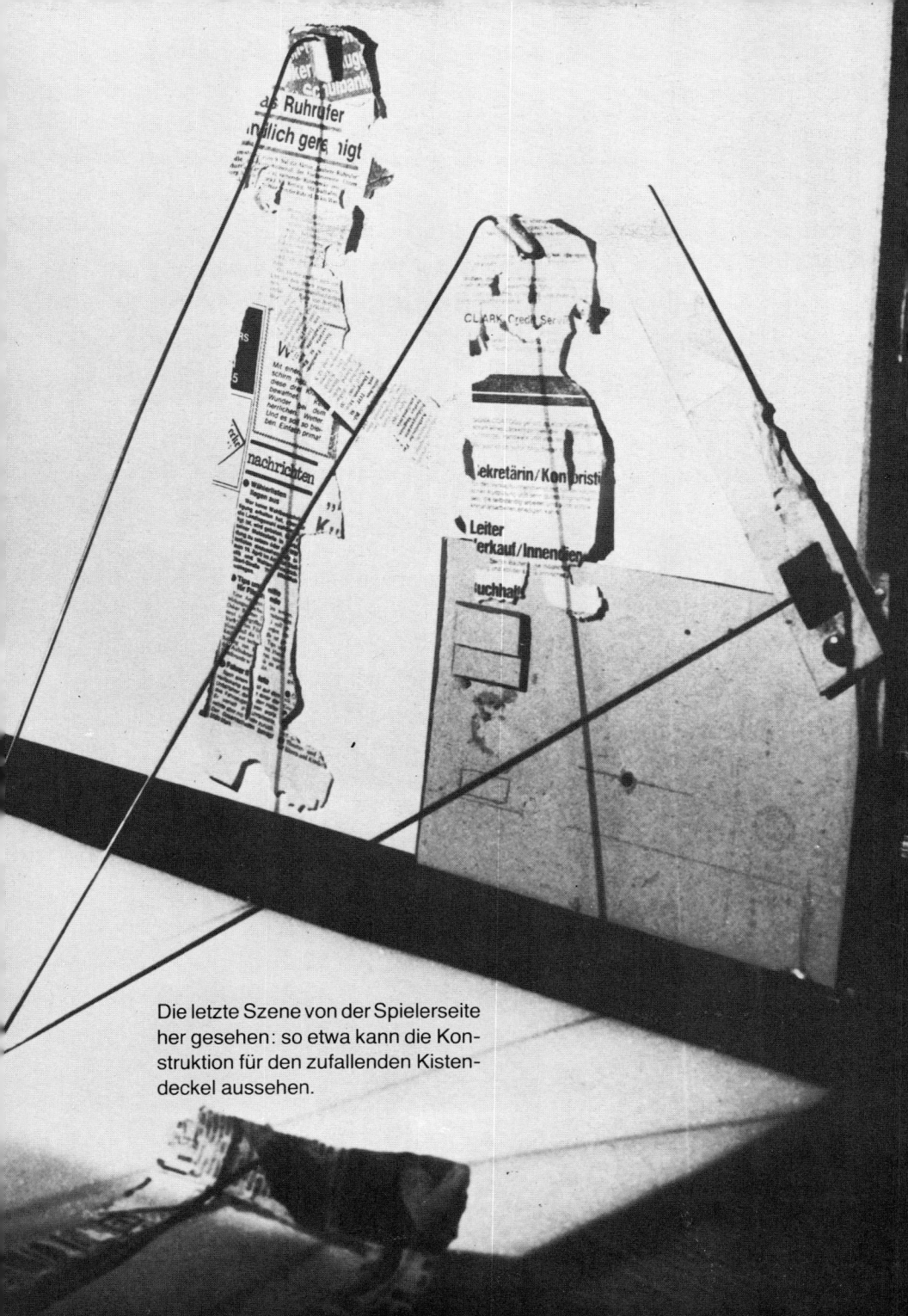

Die letzte Szene von der Spielerseite her gesehen: so etwa kann die Konstruktion für den zufallenden Kistendeckel aussehen.

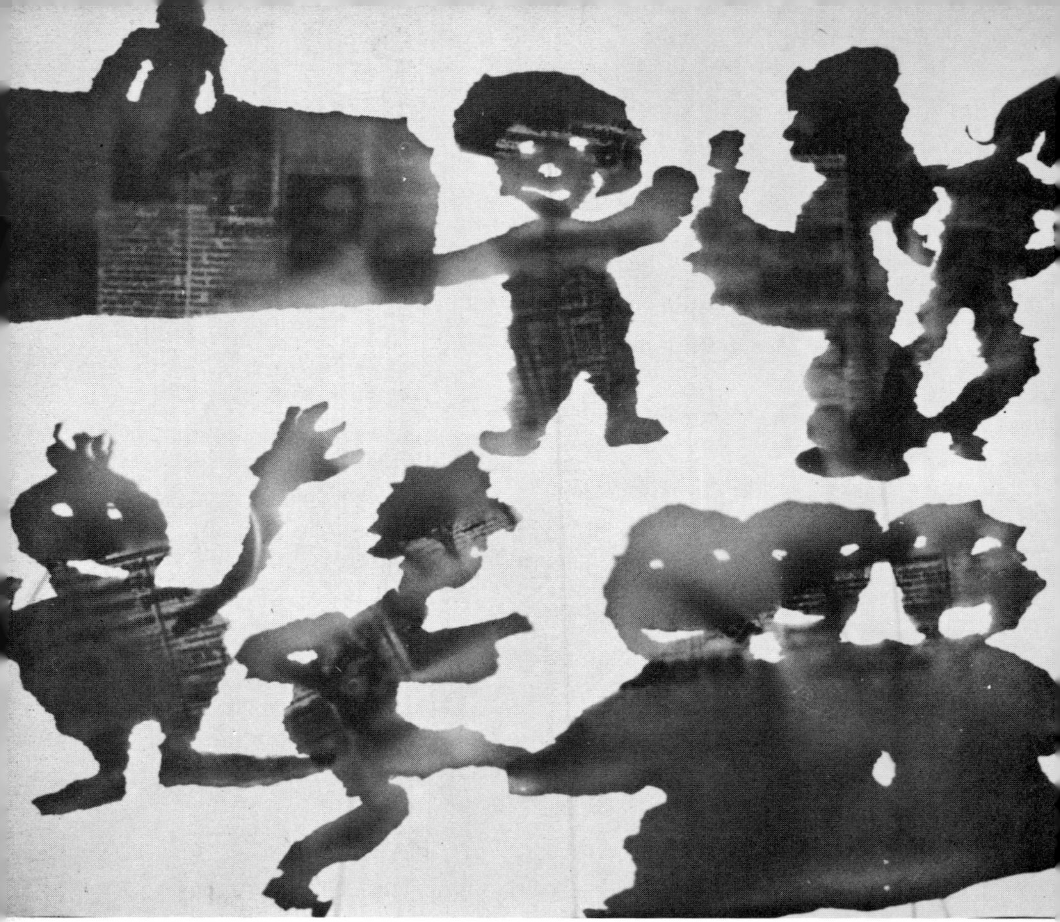

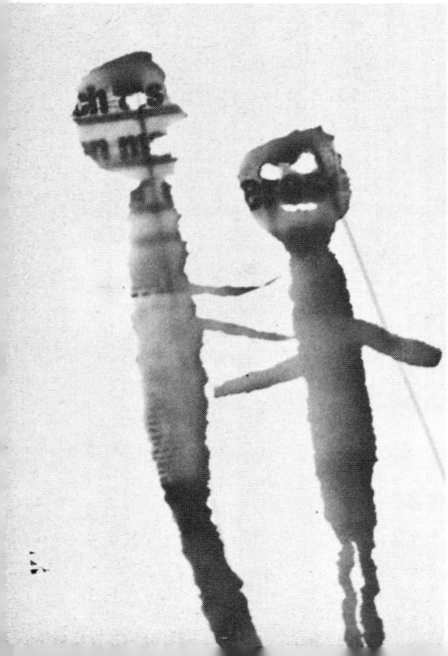

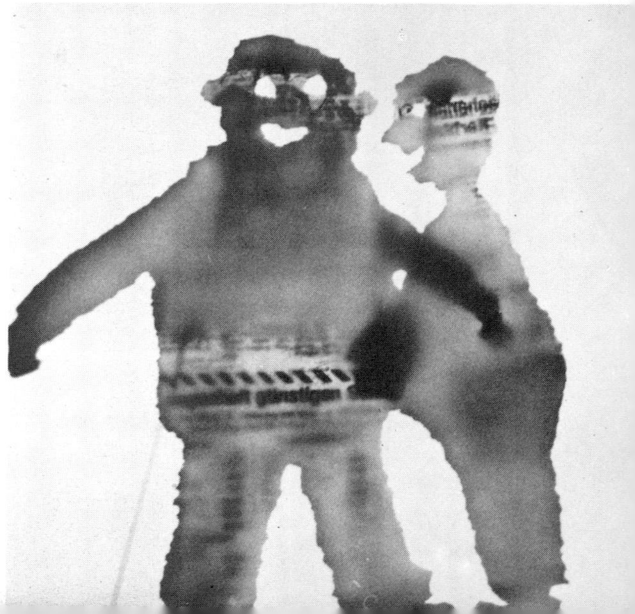

Spielanregungen für Jugendgruppen
(z. B. kleine Szenen unter einem Thema)

„Begegnung"
Herrenschuh und Damenschuh, zum Thema: Kennenlernen; Annäherung – Zögern, Streiten, Sichvertragen (ohne Worte gespielt). ▶

„Ei, Ei, Ei"
Verschiedene Personen reagieren unterschiedlich auf ein im Baum liegendes Ei. ▶

◀
„In der Discothek"
Darstellung bestimmter Typen und ihrer Verhaltensweisen.

◀
„Die Dicken und die Dünnen"
Zwei Dicke unterhalten sich flüsternd über zwei Dünne und umgekehrt. Dann machen alle vier eine Badekur und die Dünnen sind dick und umgekehrt...

„Der Starke und der Schwache oder Verstand gegen Gewalt" (ohne Worte gespielt). ▶

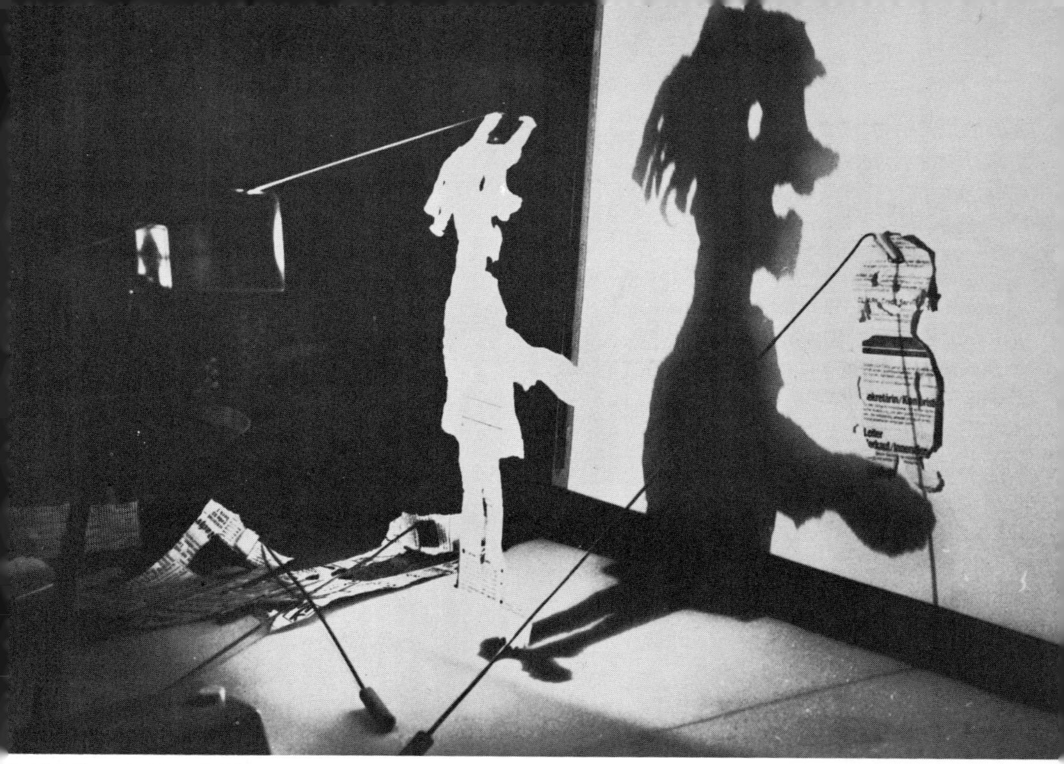

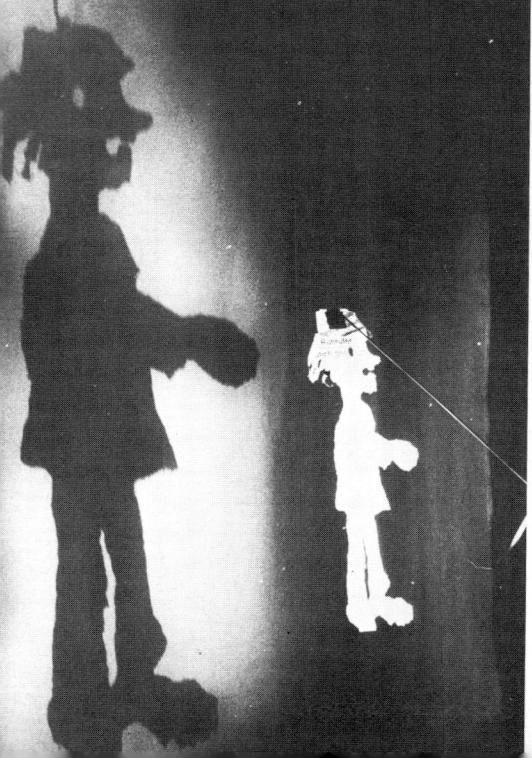

Groß und klein

Die Punktlichtlampe ist eine Speziallampe mit sehr kleinem Glühdraht, die stets scharfe Schatten gibt.
Richten Sie den Lichtschein auf eine neutrale, helle Wand: Halten Sie eine Figur zwischen Wand und Lampe, führen Sie diese Figur von der Lampe weg zur Wand hin — der Schatten der Figur wird kleiner.
Nun führen Sie die Figur wieder zur Lampe zurück, der Schatten wird groß und größer, bis zur völligen Abdunkelung. Das können Sie auf dem Spielschirm anwenden bei Verwandlungsszenen sowie „Umbauten".
Durch Schwenken der Lampe und entsprechende Führung der Figur können Sie diese an der Zimmerdecke entlang in Ihre Tischbühne hinunterschweben lassen. So haben Sie den Raum miteinbezogen in Ihr Spiel.
Probieren Sie alle Möglichkeiten aus.

Figuren mit einem Drehpunkt

Zuerst überlegen Sie sich, ob Sie eine Profil- oder eine Frontalfigur machen wollen.
Profilfiguren können nur in eine Richtung – vorwärts – gehen oder rückwärts wieder hinaus.
Soll eine Profilfigur von beiden Seiten auftreten, muß man eine zweite Figur anfertigen.
Frontalfiguren haben dieses Problem nicht, sie können von beiden Seiten kommen und nach beiden Seiten abgehen.
Überlegen Sie sich vor dem Skizzieren, wie Ihr Spiel ablaufen soll. Bedenken Sie, daß Figuren nur in Ausnahmefällen (z. B. extremen Größenunterschieden) aneinander vorbeigehen können.
Legen Sie Ihr Spiel so an, daß die Figuren nur das tun müssen, was sie können.
Zeichnen Sie nun die Figur auf Papier, kennzeichnen den Drehpunkt – 1 – und zeichnen die Überlappung ein – gestrichelte Linie.
Die Figur mit einem Drehpunkt besteht aus zwei Einzelteilen.
Mit Kohlepapier pausen Sie beide Teile auf einen mittelstarken, möglichst schwarzen Karton, der noch mit einer Schere schneidbar sein sollte.
Schneiden Sie die beiden Teile aus und legen sie aufeinander. Den Drehpunkt durchstoßen Sie mit einer starken Nadel.
Durch die beiden Löcher fügen Sie einen 6 cm langen Blumendraht – gibt es auf Hölzchen gewickelt in Eisenwarengeschäften zu kaufen.
Diesen feinen Blumendraht drehen Sie um eine Kugelschreiberspitze auf beiden Seiten zu einer kleinen Spirale.
Beide Figurenteile sollten nicht zu fest miteinander verbunden sein, der untere Teil muß sich leicht hin- und herbewegen lassen.
Nun bekommt die Figur einen Führungsstab.

Fest angebrachte Führungsstäbe

Wieder verwenden Sie – wie bei den Zeitungsfiguren – 2 mm starken Schweißdraht von 40–50 cm Länge.

Biegen Sie diesen mit einer Kombizange zu einem Haken um. Die Hakenbreite richtet sich nach der Figurenbreite und Größe.

Am anderen Ende des Führungsstabes bringen Sie wieder ein Griffholz an.

Nun schneiden Sie sich einen Streifen aus weichem Leder, der – je nach Stabbreite – 1,5–3 cm breit und 3–5 cm lang sein kann. Mit diesem zugeschnittenen Lederstreifen markieren Sie mit Bleistift die Anbringungsstelle des Führungsstabes im oberen Drittel der Figur.

Diese markierte Stelle und den Lederstreifen mit Pattex bestreichen – 5 Minuten antrocknen lassen.

Dann wird der Lederstreifen über den Führungsstab auf die vorher markierte und eingestrichene Fläche geklebt. Gleichzeitig muß der Führungsstab durch leichtes Hin- und Herbewegen etwas gelockert werden. Er muß herunterklappbar sein, damit die Figur liegend verpackt und aufbewahrt werden kann.

Die Länge des Führungsstabes verläuft dann senkrecht zum Körper der Figur.

Diese Figur ist nicht mehr vom Führungsstab zu trennen, sie ist haltbarer und dauerhafter, als die kurzlebige Papierfigur.

Sie können aber auch eine kleine, leichte Drehpunktfigur nach der Klettenbandmethode befestigen.

Kleben Sie das Hakenband auf beide Seiten der Figur, so kann eine Profilfigur durch Umstecken des Führungsstabes in beide Richtungen gehen.

Geben Sie dem festangebrachten Führungsstab den Vorzug, machen Sie eine zweite Profilfigur. Das kommt einem zügigen Spielablauf zugute, da Sie für das Umstecken der Figur Zeit benötigen.

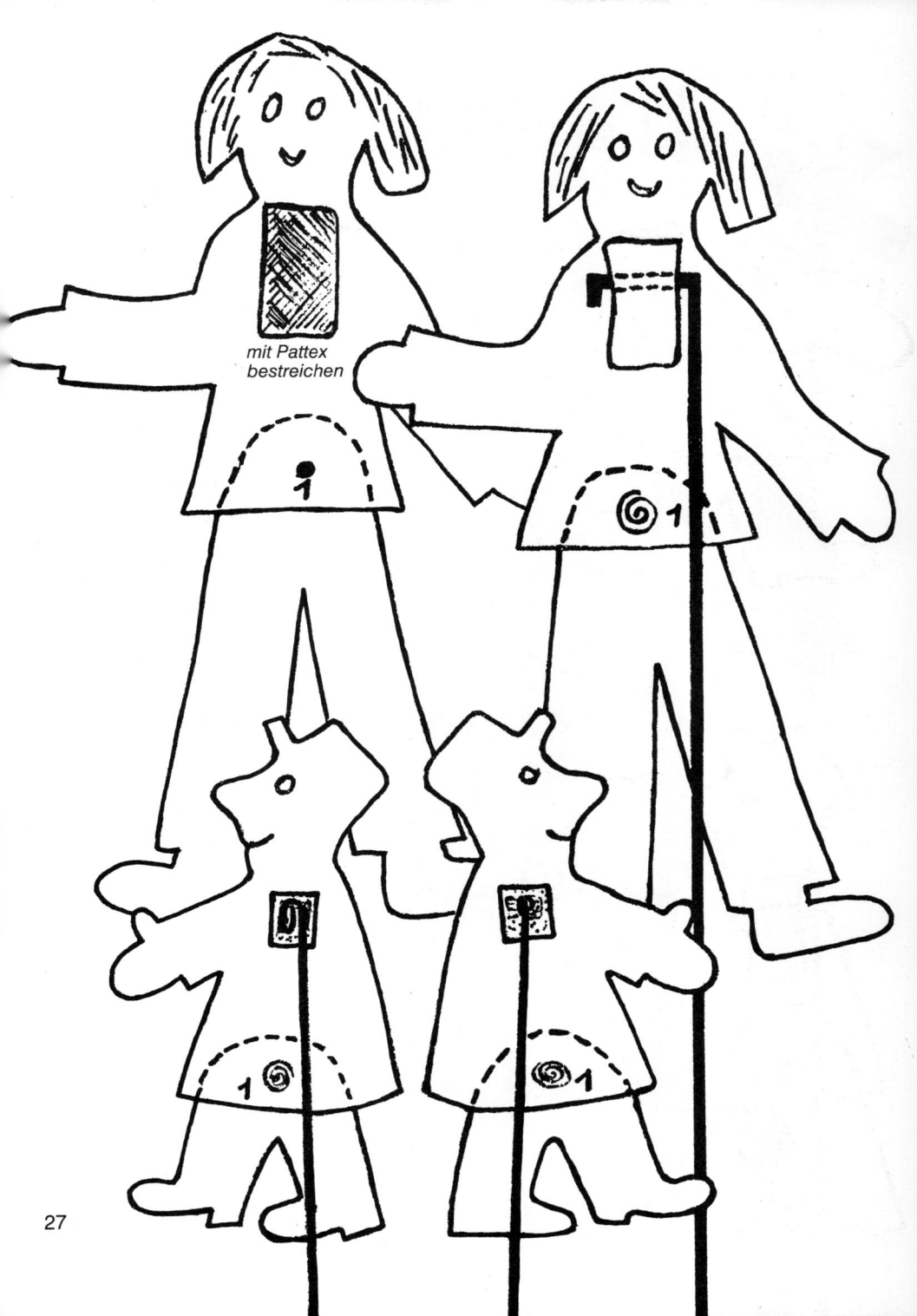

Spielanregung und Szenenbeispiel mit Drehpunktfiguren
(für mehrere Spieler)

Das Lied von den 10 kleinen Negerlein

10 kleine Negerlein
die stiegen auf 'ne Scheun;
das eine fiel vom Dach herab
da waren's nur noch neun.

Neun kleine Negerlein
die wandelten bei Nacht;
das eine blieb am Weg zurück
da waren's nur noch acht.

Acht kleine Negerlein
die kochten rote Rüben;
das eine hat zu viel gegessen
da waren's nur noch sieben.

Sieben kleine Negerlein
besuchten mal 'ne Hex;
das eine hat sie eingesperrt
da waren's nur noch sechs.

Sechs kleine Negerlein
gingen in die Sümpf;
das eine ist drin stecken geblieben
da waren's nur noch fünf.

Fünf kleine Negerlein
tranken starkes Bier;
das eine hat zu viel getrunken
da waren's nur noch vier.

Vier kleine Negerlein
waren in Shanghai;
das eine hat 'ne Frau gefunden
da waren's nur noch drei.

Drei kleine Negerlein
tanzten in den Mai;
das eine hat zu viel getanzt
da waren's nur noch zwei.

Zwei kleine Negerlein
fuhren über'n Rhein;
das eine ist hineingefallen
und eines blieb allein.

Ein kleines Negerlein wollt' traurig nach
Haus geh'n da gab es ein Hallogeschrei;
die andern kamen all' herbei –
da waren's wieder zehn.

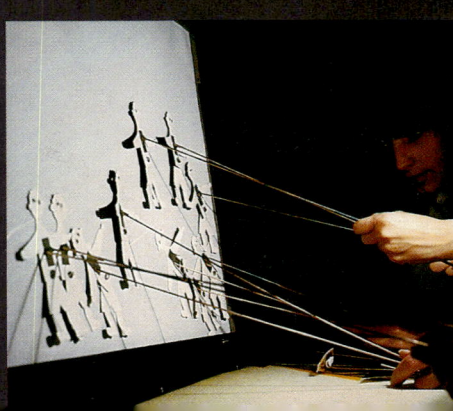

Spielanregungen für einen oder zwei Spieler
(für kleine Kinder zu spielen)

Das Lied vom Herrn Oklatsch

Herr Oklatsch ist ein dicker Mann,
der sich kaum bewegen kann ...
von vorne nach hinten, von links
nach rechts ...

Fährt Oklatsch mit der Eisenbahn
so fängt die gleich zu schaukeln an ...
von vorne nach hinten, von links
nach rechts ...

Der Oklatsch macht 'ne Hungerkur
und ißt das halbe Essen nur ...
von vorne nach hinten, von links
nach rechts ...

Der Oklatsch ist ein dünner Mann,
der sich schnell bewegen kann ...
von hinten nach vorne, von rechts
nach links ...

Bei diesem Lied wird jeder Satz zweimal wiederholt.
Zu beachten ist, daß sich der Herr Oklatsch zum Publikum spiegelbildlich verhalten muß, d.h. der Spieler führt ihn bei dem Wort „vorne" nach hinten zur Lampe, damit er für die Zuschauer groß (vorne = nah und groß) zu sehen ist.
Bei dem Wort „hinten" muß der Spieler den Oklatsch nach vorne zum Spielschirm führen, damit er für die Zuschauer klein aussieht.
Bei „links" muß der Spieler den Oklatsch nach rechts drehen und umgekehrt.

Figuren mit zwei Drehpunkten

Figuren mit zwei Drehpunkten bestehen aus drei Teilen.
Bei den hier angegebenen Beispielen aus:

> Kopf und Hals
> Rumpf
> Unterkörper mit Beinen

Schneiden Sie die drei Teile aus, legen den mittleren Teil (Rumpf) zuunterst, darauf den oberen Teil (Kopf) und den unteren Teil (Unterkörper mit Beinen).
Die Befestigung der drei Einzelteile erfolgt wieder – wie bereits beschrieben – mittels Blumendrahtspiralen.
Die beiden Führungsstäbe werden möglichst in Drehpunktnähe in entgegengesetzter Richtung mit dem Lederstreifen auf die Figur geklebt.

Der Führungsstab des Kopfes sollte bei senkrechten Figuren etwas länger sein als der untere Führungsstab. Das ist beim Abstellen der Figuren wichtig.
Anmerkung: Mit zwei Führungsstäben lassen sich ebenfalls Figuren mit mehr als zwei Drehpunkten führen.
Es muß sich nicht unbedingt um naturalistische Figuren handeln, auch brauchen die Drehpunkte nicht an den anatomisch richtigen Stellen zu sein.

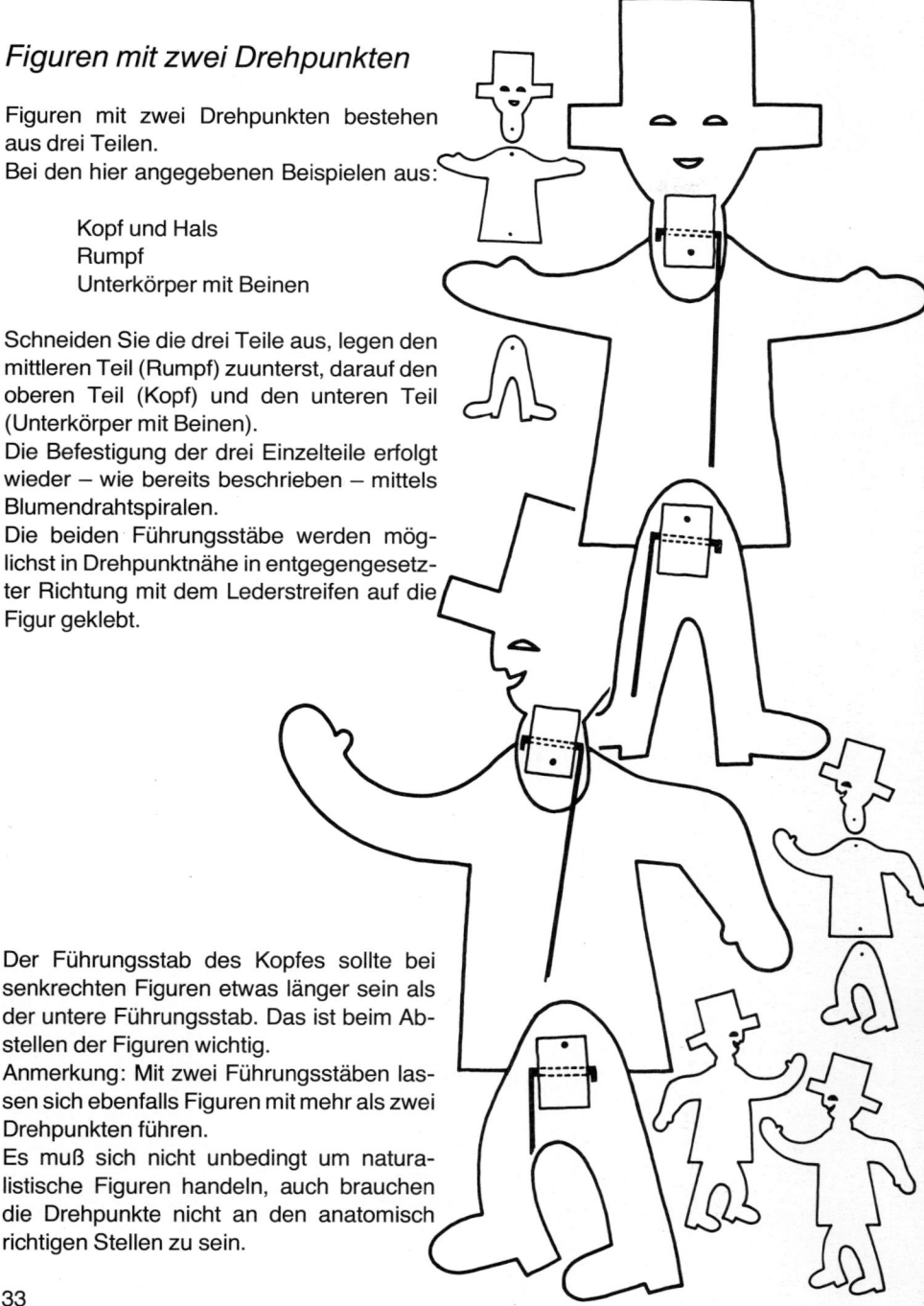

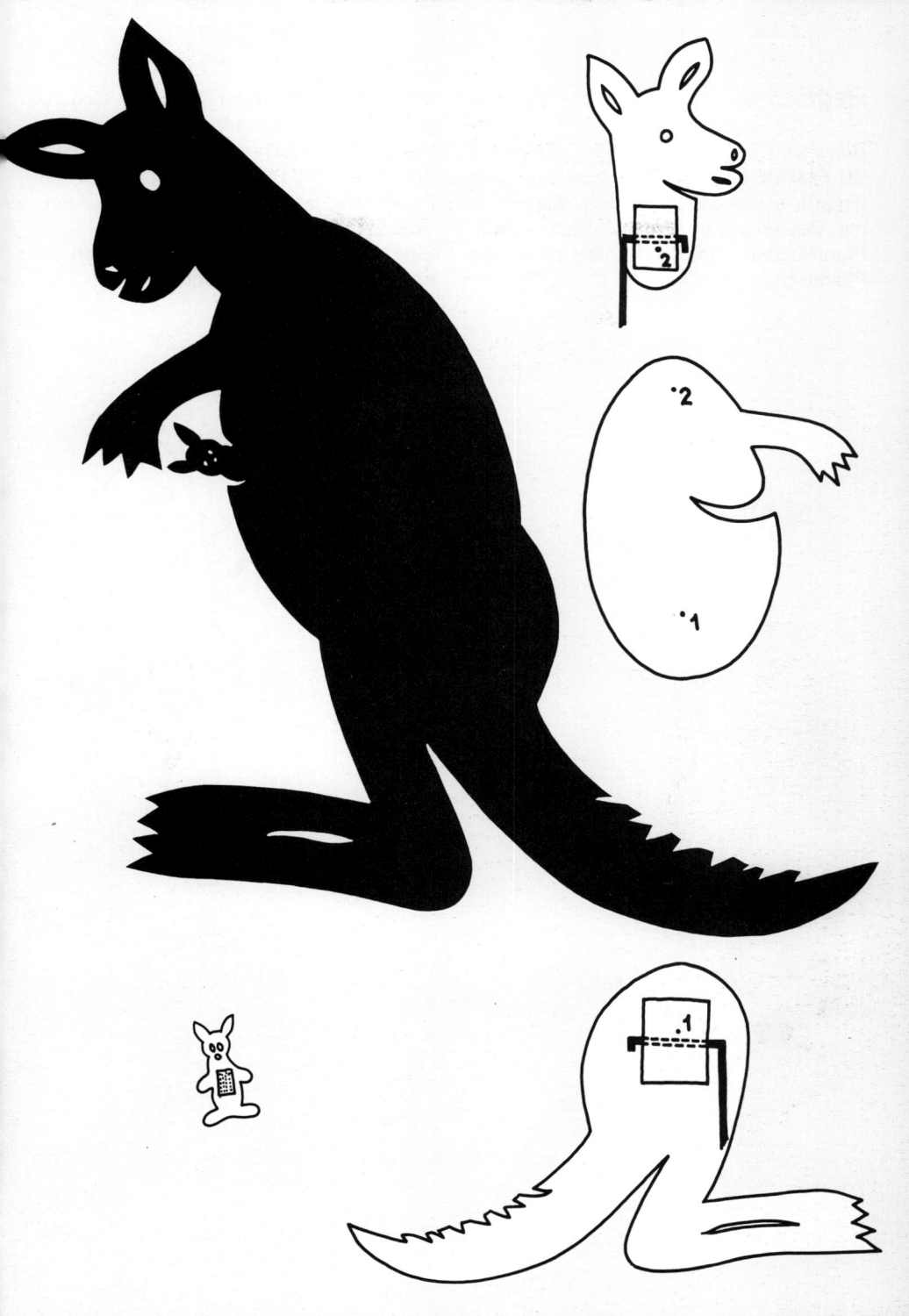

Requisiten

Requisiten sind Gegenstände, mit denen die Figuren etwas tun oder durch die den Figuren etwas geschieht; z. B. Zauberhut mit Zaubersachen, Brief, Stuhl, Tisch, Pfannkuchen, der durch die Luft in die Pfanne fliegt, etc.

Mit Klettenband lassen sich diese Gegenstände an den Figuren sowie an den Führungsstäben anbringen.
Wichtig ist, daß Sie in die Requisiten keine Perspektive zeichnen und ausschneiden, bleiben Sie in der Flächigkeit.
Eine kleine Szene kann gespielt werden mit einer Figur und einem Requisit.

Kulissen

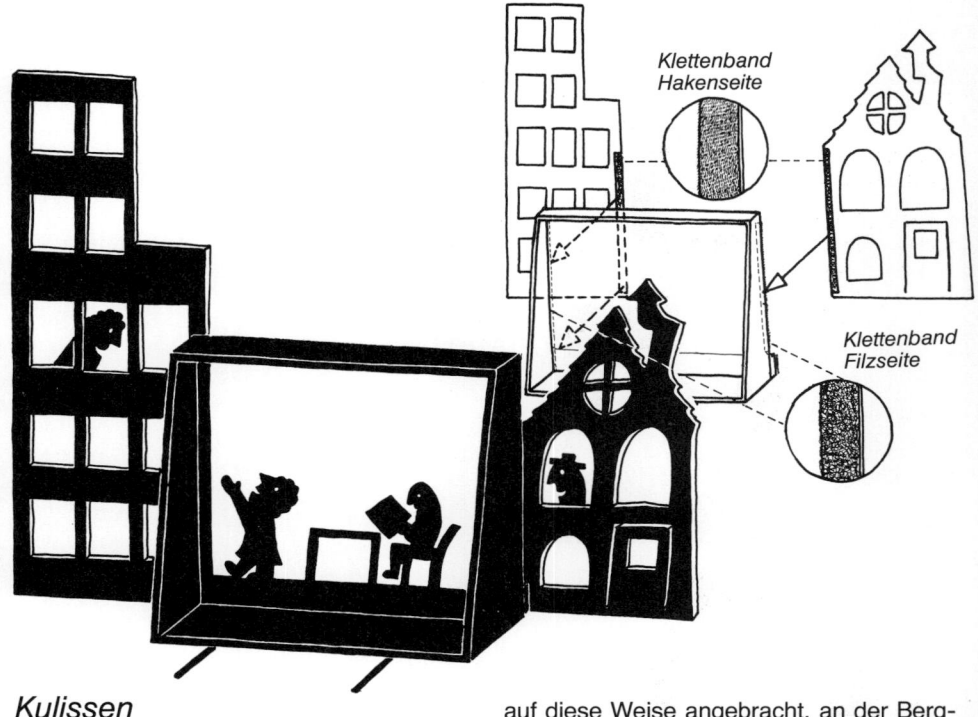

Verwenden Sie in der Tischbühne Kulissen möglichst sparsam.
Deuten Sie den Schauplatz der Handlung nur durch einfache, flächige Kulissen an – auch hier keine Perspektive!
Ein Baum, ein Gebüsch, ein Hauseingang oder eine Brücke genügt, um den Ort zu kennzeichnen.
Kulissen sollten den Bewegungen der Figuren nicht hinderlich im Wege stehen.
Befestigen können Sie Kulissen ebenfalls mit einem Klettenverschluß: Kleben Sie auf den Pappstreifen am Rand der Bühne rundum einen Streifen von dem Filzband (Filzseite zum Spieler).
Auf die Kulissenteile kleben Sie ein Stückchen Band mit der Hakenseite. So lassen sich Kulissenteile an beliebiger Stelle anbringen (z. B. der Zeitungsberg bei Himpelchen und Pimpelchen ist an den Seiten auf diese Weise angebracht, an der Bergspitze ist ein kleines Streifchen Klarsichtklebeband auf den Spielschirm geklebt, um ein Umklappen des Berges zu verhindern).

Angebaute Kulissen

Angebaute Kulissen sind eine Erweiterung der Tischbühne in die Breite und Höhe.
Die Stoffabdeckung läßt sich durch diese Anbauten ersetzen, man erhält ein freies Spielfeld in der Mitte und zusätzliche Spielebenen.
Die Befestigung erfolgt wieder mittels Klettenband – wie auf der Zeichnung zu sehen. Gespielt werden kann auf dem mittleren Hauptschauplatz sowie in den Anbauten – die man mit einer Taschenlampe noch zusätzlich beleuchten kann.
Die Fenster der Anbauten ebenfalls mit Ultraphanfolie bekleben.

Spielanregung und Szenenbeispiel
(Drehpunktfiguren, 1 bis 2 Spieler)

Die Giraffe hat Halsschmerzen, sie kann ihren Kopf nicht mehr bewegen, auch der lange Hals läßt sich nicht hinunterbeugen, das Sprechen fällt ihr schwer. Sie jammert.
Der Zoowärter versucht festzustellen, an welcher Stelle die Halsschmerzen am stärksten sind.
Er steigt zuerst auf einen Stuhl, dann auf einen Tisch, zuletzt stellt er den Stuhl auf den Tisch. Es gelingt ihm nicht, in den Giraffenhals zu schauen.
Ein zufällig vorbeifahrendes Feuerwehrauto hilft. Die Leiter wird ausgefahren, der Wärter steigt hinauf, die Giraffe reißt ihr Maul auf und der Wärter blickt „hinunter".
Er beschließt, zum Doktor zu laufen und kehrt mit einem Rezept zurück. Die Giraffe will das Rezept lesen, nach genauem Studium des Rezeptes erteilt sie „von oben herab" ihre Genehmigung, ihren Hals mit der besonderen Giraffenhalssalbe einreiben zu lassen. Der Wärter massiert den Hals von oben bis unten ein. Die Giraffe

problem aus, ob bereits Besserung eingetreten ist, sie versucht zu singen und vorsichtig den Hals und Kopf zu bewegen. Das gelingt nach mehreren Übungen verschiedenster Art.
Das Feuerwehrauto fährt rückwärts wieder ab.
Am Schluß streckt die Giraffe ihre langen Beine aus und legt sich nieder.
Der Wärter ruft: Das hätte dir auch gleich einfallen können!
Diese Geschichte können Sie beliebig lang ausspielen und fortsetzen.

Die Manipulation hinter dem Spielschirm ist auf einigen Fotos erkennbar.
Die Giraffe hat durch Hölzchen verstärkte Beine. Am Tischbein ist ein Holzklötzchen angebracht, an dem der Spieler den Tisch hereinführen kann (während der Wärter ihn hereinschiebt). Die Tischplatte und der Stuhlsitz sind zur Spielschirmseite hin mit einer 1 cm breiten Holzleiste beklebt, auf der die Figur (Wärter) mühelos agieren und abgestellt werden kann.
Feuerwehrauto und Leiter sind so lang, daß man sie an der Seite befestigen kann.
Beim Spielen werden Ihnen immer Möglichkeiten der Vereinfachung einfallen.

Figuren aus Draht, transparenten Stoffen und Folien

Mit diesem Material können Sie nach Herzenslust experimentieren.

Zuerst biegen Sie aus nicht zu starkem Draht eine Figur, die Sie mit Tüll oder Spitze bekleben und an Regenschirmspeichen annähen.

Als Augen eignen sich geschliffene Glas- oder Plastiksteine wegen der Lichtreflexe besonders gut.

Sie können Drahtfiguren auch lose mit zartem, durchsichtigem Stoff nicht zu dicht behängen. Auf einen Sockel aus Holz, Styropor etc. gestellt, kann man sie an dem Spielschirm vorbeiführen (Sockel nicht höher als Führungsleiste); Schaumstoffmatte um Sockelbreite zurückschieben.

Solche Figuren wirken fast räumlich. Beweglicher gestalten Sie die Figur, wenn Sie einen Führungsstab annähen oder ankletten.

Arme aus Draht, Kordel oder dem Stoff des Figurenkleides werden an einem Stab extra geführt.

Köpfe aus Draht lassen sich mit 1 mm bis 2 mm starker Klarsichtfolie bekleben, die Gesichter können aus selbstklebender Transparentfolie (X-Film) aufgeklebt werden.

Für eine andere Art von Figuren ist ein sogenanntes *„Brustbild"* (Kopf mit Hals und Schultern) aus Klarsichtfolie auszuschneiden, zu hinterkleben oder zu bemalen.

Um die Schultern wird ein leicht gekräuselter, durchsichtiger Stoff drapiert und festgeklebt. Ein Stück Klettenband am Hals angeklebt und die Figur kann mit einem Filzführungsstab gehalten und geführt werden. Es muß darauf geachtet werden, daß die Figur nicht kopflastig ist.

Spielanregungen
*Figuren aus Draht,
transparenten Stoffen und Folien*

Seite 43:
Eine Hexe, die einen kleinen Igel verhext
Hexe und Zauberer im Konkurrenzkampf

Seite 44/45:
Gespensterbesuch im Wald
Modenschau
Zirkusszene
Szene aus der Weihnachtsgeschichte

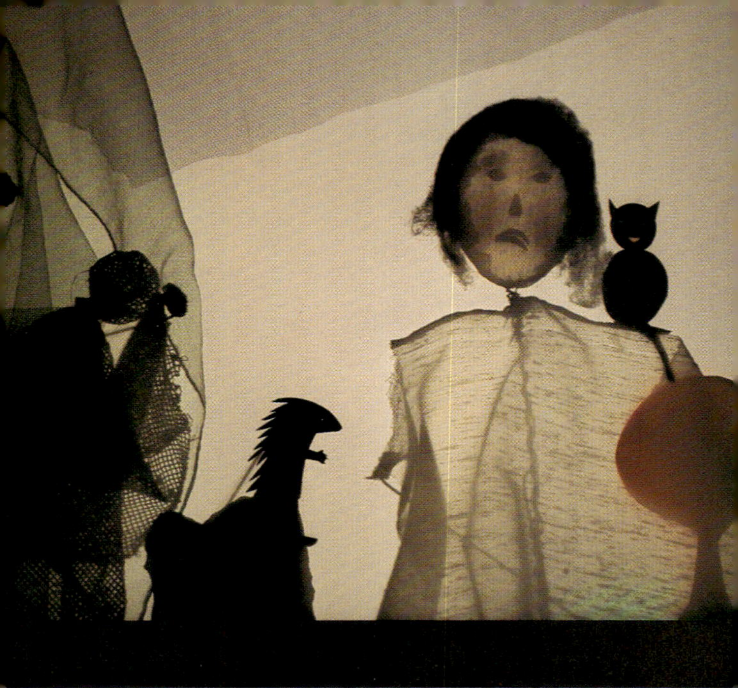

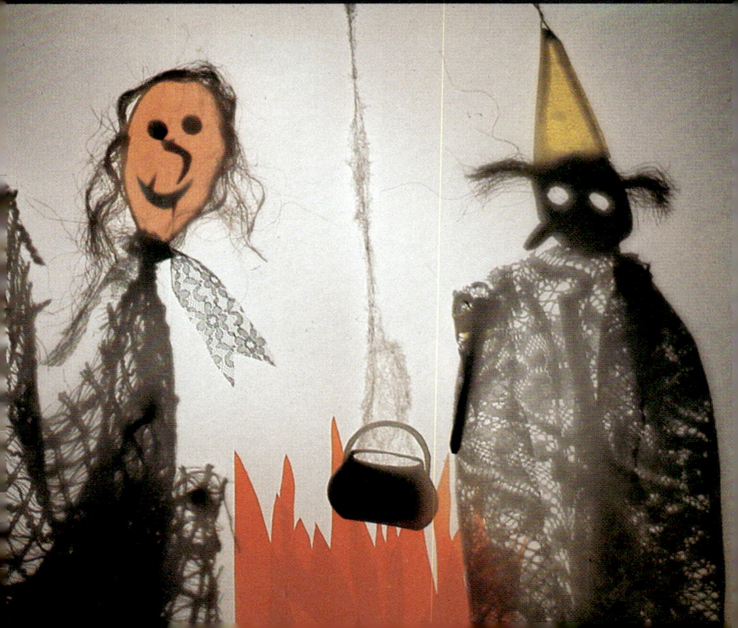

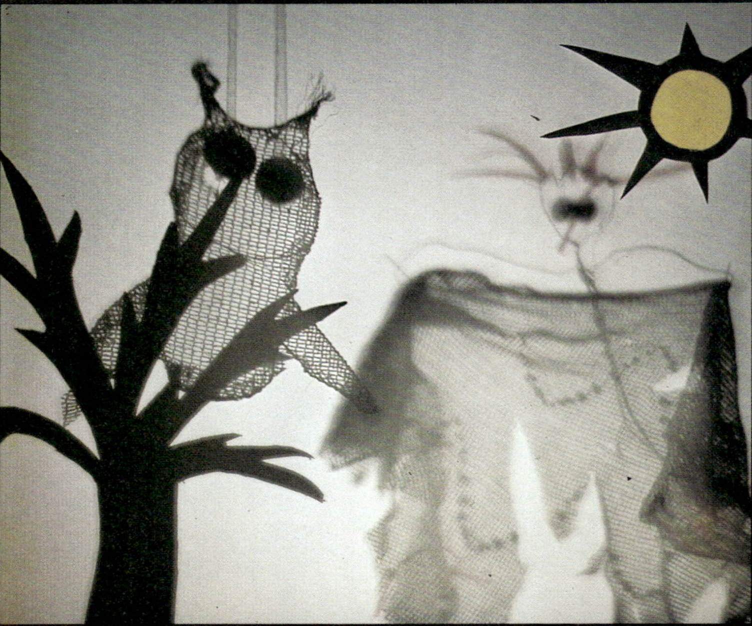

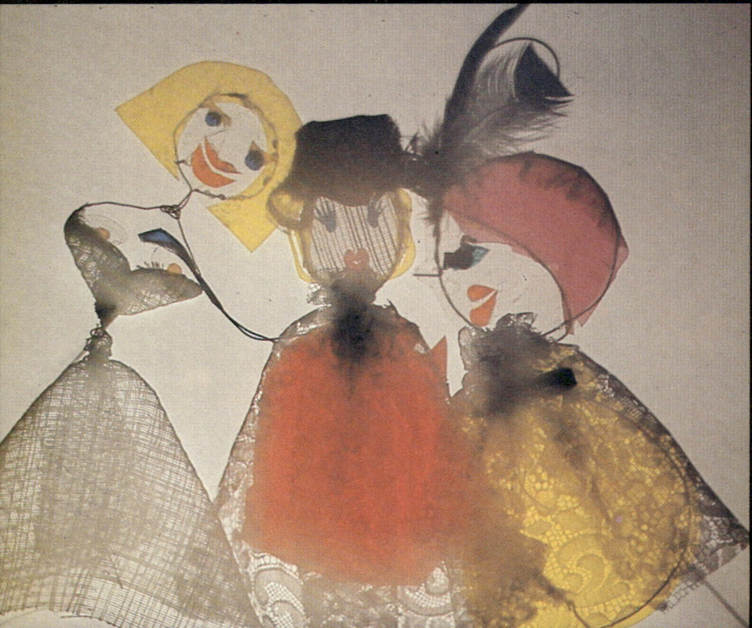

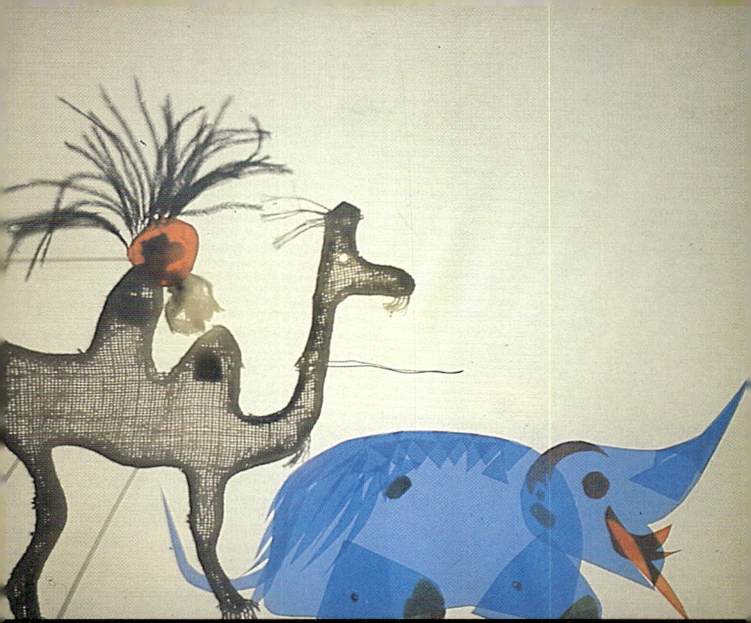

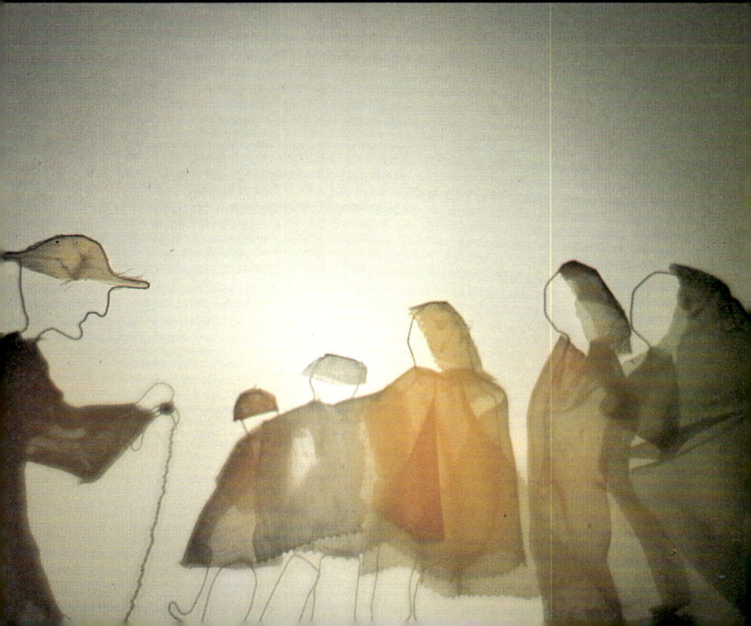

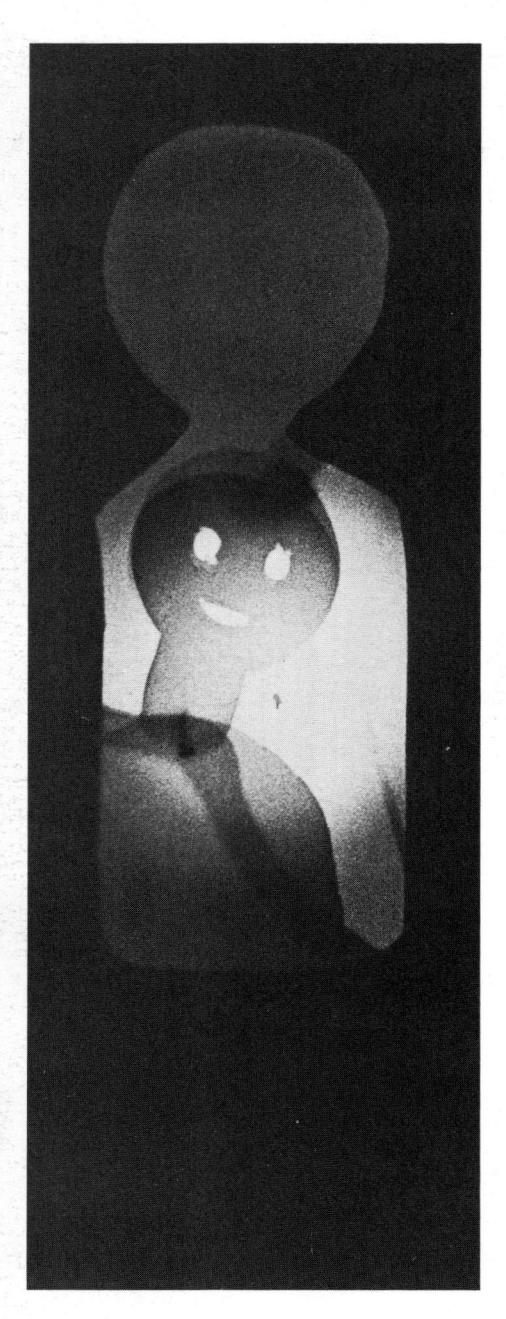

Optische Effekte

Nun noch einige einfache Beispiele, die Sie mit Ihrer Lampe und farbigen, transparenten Ultraphanfolien leicht nachvollziehen können.
Eine solche Folie – DIN-A4-Format – vor die Lampe gestellt oder mit Klebeband leicht festgeklebt, bringt schon eine andere Stimmung in die Szene.
Sticht man z. B. in eine blaue Folie kleine Löcher und hält die Folie vor die Lampe, so hat man auf dem Spielschirm einen ganzen Sternenhimmel.
Geschliffene Kristalle erzeugen herrliche Lichtreflexe.
Folien können Sie auch trichterförmig um die Lampe halten oder ebenfalls mit Klebeband ankleben.
Gold- und Silberfolien lassen sich etwas knicken und ergeben zusätzliche Spiegelungen.
Legen Sie auf die Schaumstoffmatte mehrere Spiegel und richten den Lichtschein der Lampe auf die Spiegel, erhalten Sie zauberhafte und phantastische Effekte.
Hier haben Sie ein großes Experimentierfeld, jedoch ist auch hier „weniger = mehr".
Lassen Sie sich nicht verleiten, weil es so „schön aussieht", statt Spiel Effekthascherei anzubieten.

Eine „Naheinstellung" läßt sich durch Hervorheben eines Details erreichen, z. B. ein Schlüsselloch, durch das ein Geschehen beobachtet wird.
(Dazu wird der Spielschirm mit einer dicken Pappe völlig abgedeckt und nur das Schlüsselloch herausgeschnitten.)

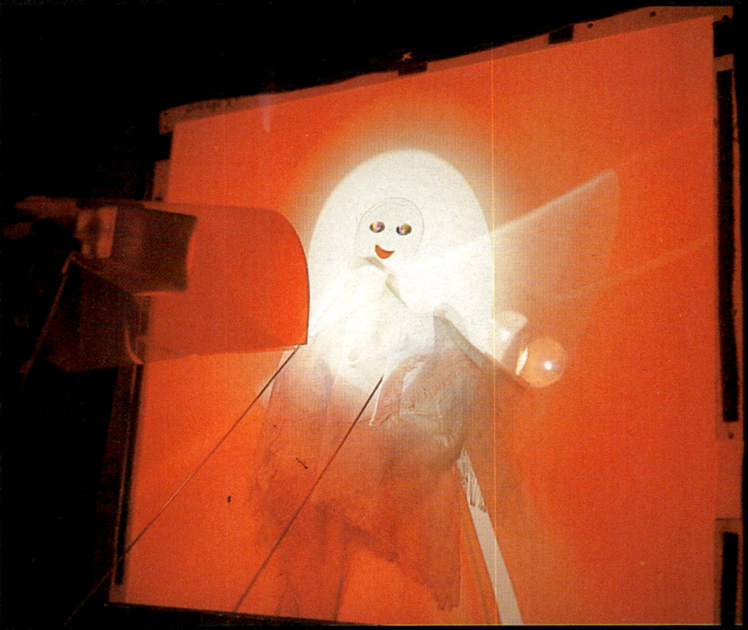

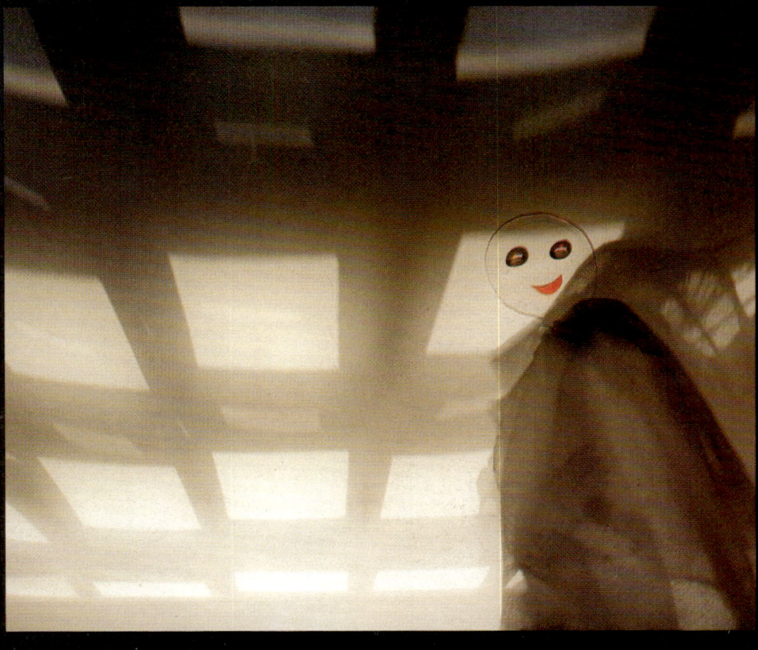

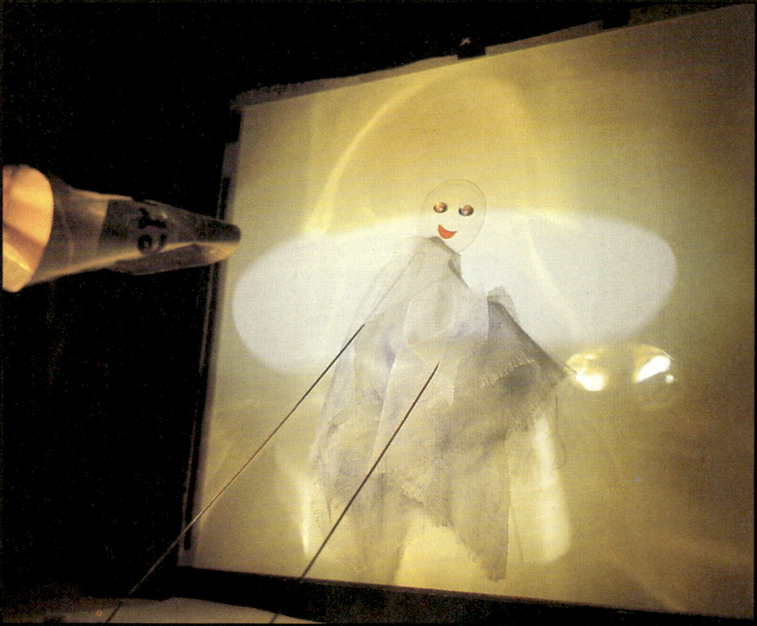

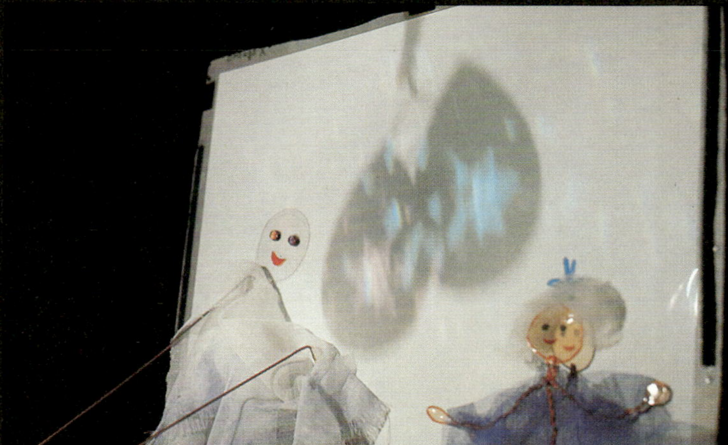

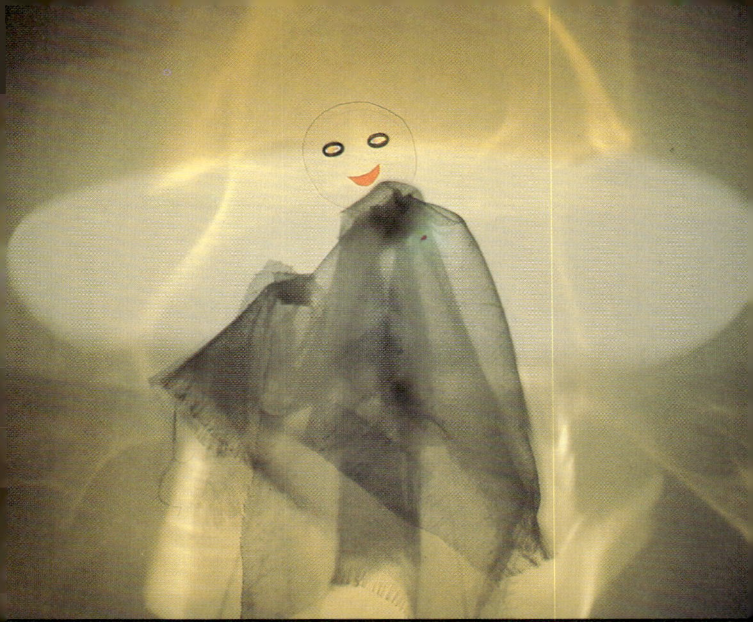

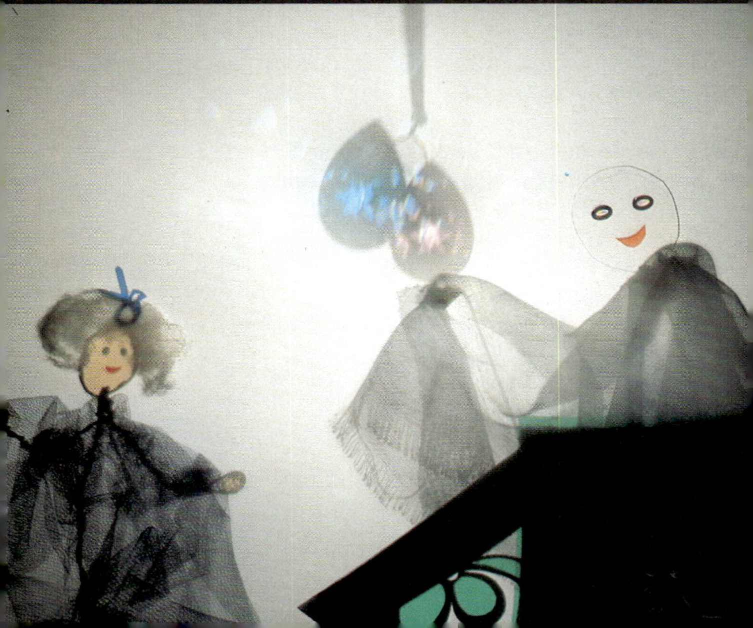

Zuschauerseite

*Spielanregungen
für das Spiel
in mehreren Tischbühnen
mit mehreren Spielern*   LUDWIG

Spiel in mehreren Tischbühnen

Stellen Sie mehrere Tischbühnen nebeneinander auf eine lange Tischfront. Die Bühnen können entweder in gerader Linie oder auch halbkreisförmig zum Publikum hin angeordnet sein.

Als Zwischenraum genügt eine seitliche Stoffabdeckung, die aber unbedingt erforderlich ist, um Figuren auf- und abtreten zu lassen und um Mehrfachschatten zu vermeiden.

Richten Sie jede Lampe so aus, daß ihr Lichtschein nur einen Spielraum ausleuchtet.

Nicht unbedingt erforderlich ist für jede Bühne eine Niedervoltlampe. Verschiedene Lichtquellen können eingesetzt werden, z. B.: Nachttischlampe, Taschenlampe, Öllämpchen oder Kerze.

Verzichtet man auf die obere Stoffabdeckung, sind die Spieler = Sprecher vom Publikum beim Spiel zu sehen.
Das kann u. U. den Reiz eines Spiels erhöhen, besonders wenn gemeinsam gesprochen und gesungen wird.

Die Weihnachtsgeschichte wurde von 12 Schülerinnen in 6 Tischbühnen gespielt.
Die Handlung lief chronologisch ab, von der Verkündigung bis zur Geburt.
Jede Szene wurde zunächst einzeln beleuchtet, dann wurden Rückblenden eingesetzt, z. B.: Was geschah zur gleichen Zeit am Hofe des Kaisers Augustus und bei den Hirten auf dem Felde.
So lassen sich mehrere Szenen gleichzeitig spielen, die an verschiedenen Orten stattfinden. Maria und Josef, als Hauptfiguren, durchwandern alle Szenen und verbinden sie miteinander.

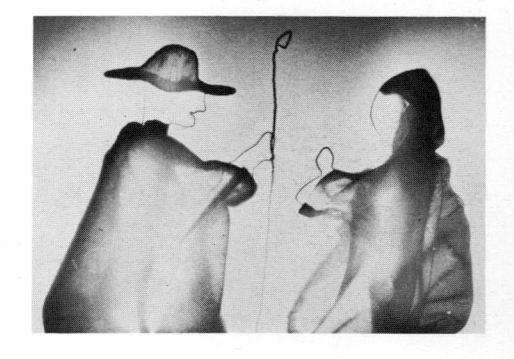

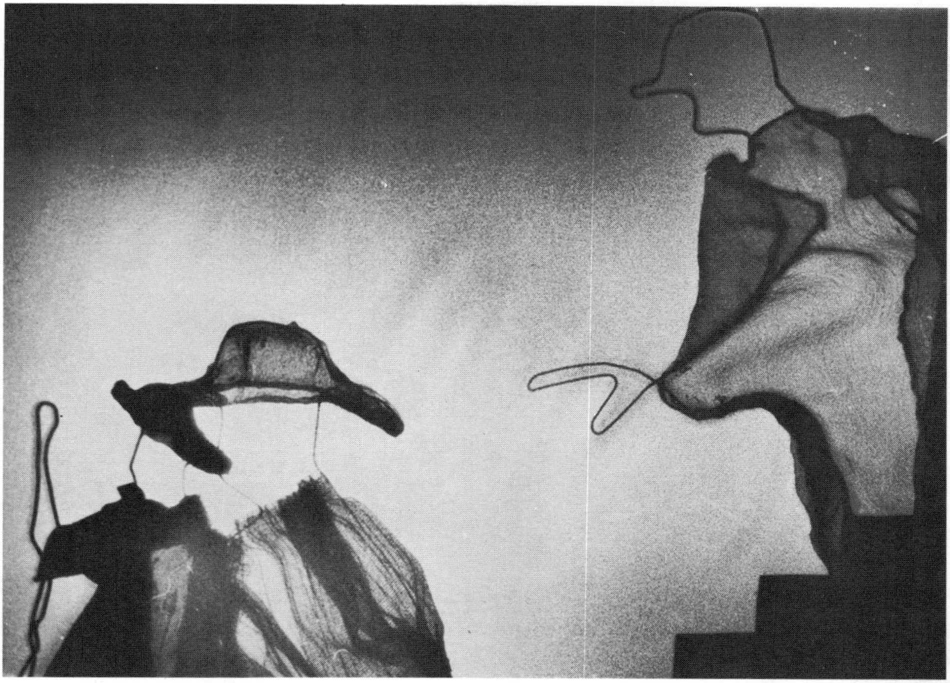

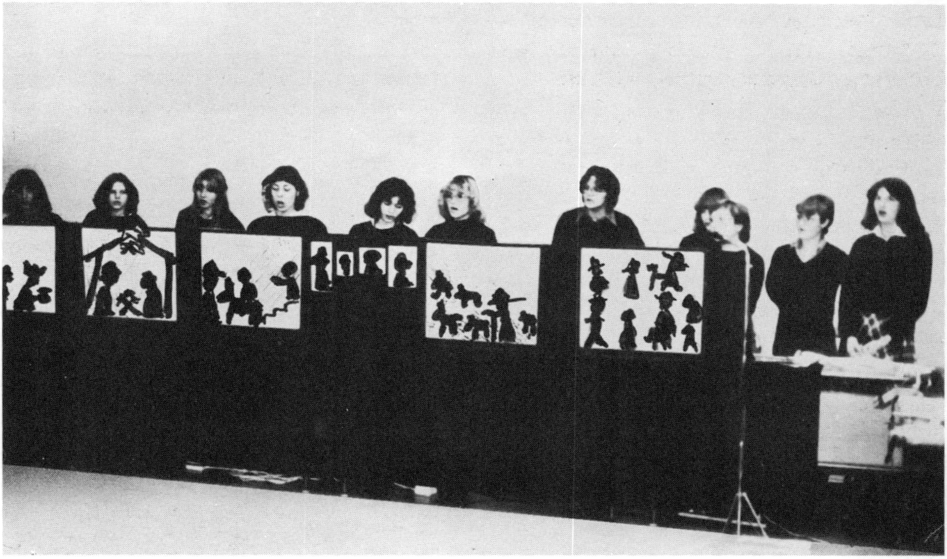

Das Fest beim großen „Ä"

Diese Großfigur wird durch zwei Spieler geführt und agiert über drei Spielflächen. In Ausnahmefällen – z. B. zur Publikumsbefragung – schaut sie „leibhaftig" über die Stoffabdeckung in den Zuschauerraum.

Der große „Ä" gibt ein Fest. Alle geladenen Gäste (unterschiedlichster Art und Herkunft) müssen eine Szene aufführen, das ist seine Bedingung.

Diese Spiele finden in beliebiger Reihenfolge in verschiedenen Bühnen statt. Der große „Ä" wird mit ins Geschehen einbezogen.

Zum Schluß kommen ungeladene Gäste, die sich rächen, indem sie aus einem abgestellten Korb heimlich eine lange Ringelschlange freilassen.

Linkes Bild:
Zwei Masken, die auf das Fest beim großen „Ä" eingeladen wurden.
Rechtes Bild:
Figur mit auswechselbaren Köpfen, erscheint ebenfalls auf dem Fest und leiht verschiedenen Leuten und Dingen ihren Kopf.

Ein Drache nimmt mit anderen Tieren zusammen an einem Zoo-Wettbewerb teil. Mit Hilfe einer kleinen Maus gelingt ihm das beste Programm.

Ein Beispiel nach einer literarischen Vorlage (Insel-Taschenbuch Nr. 10):

„*Die Drachengeschichte*" von Schmöger.

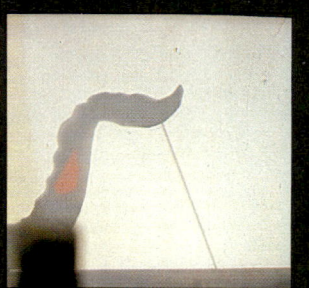

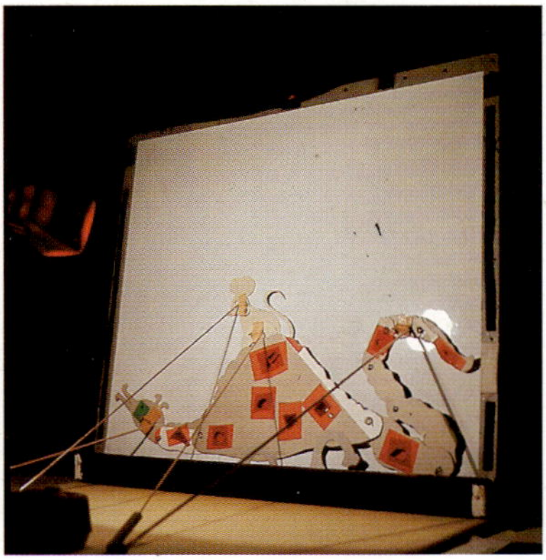

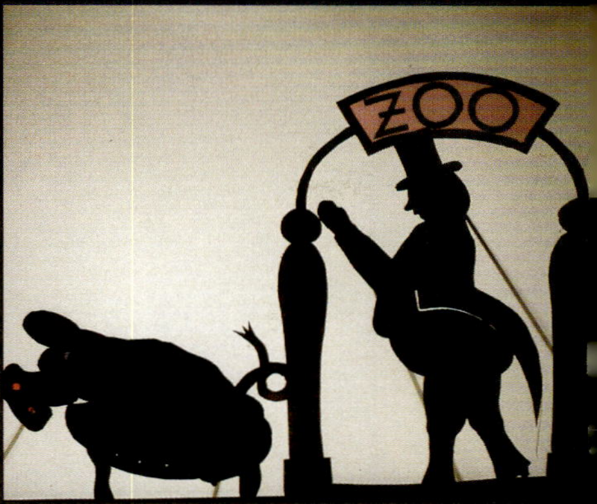
ZOO

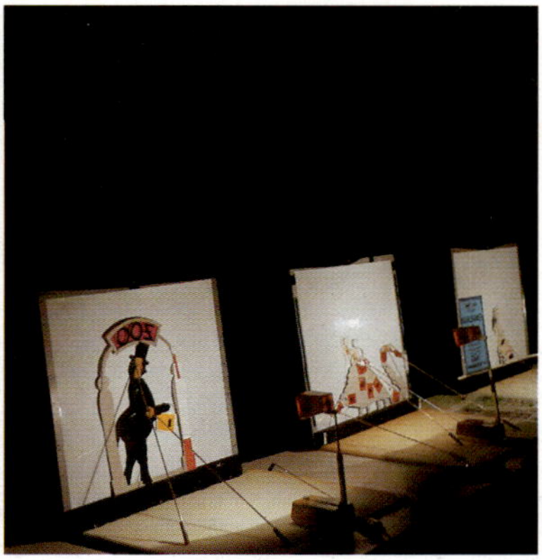

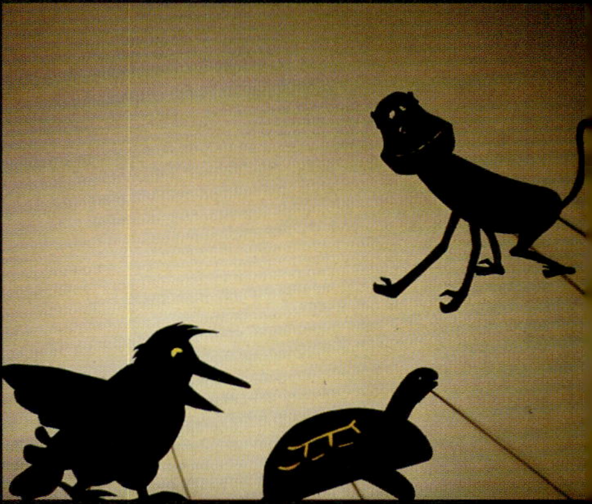

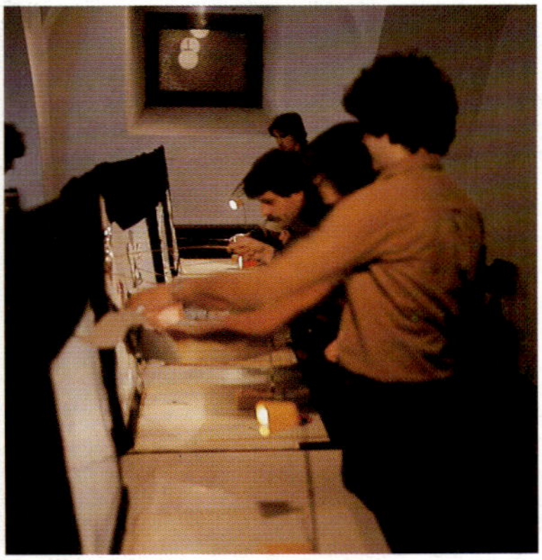

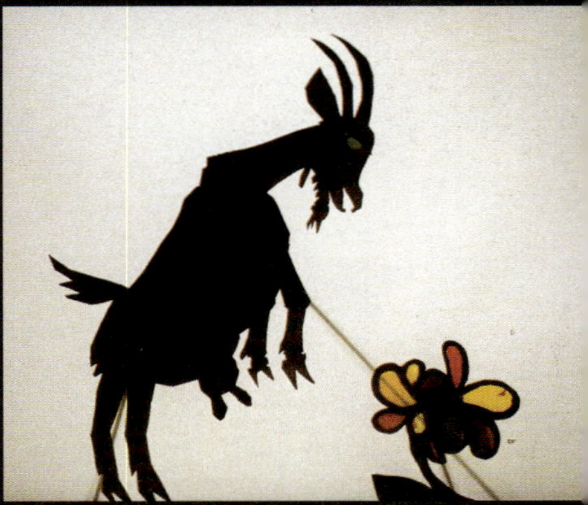

Schattenspiel-Seminar Jugendhof Königswinter